CO

CW00382417

Antoine de Saint-Exupéry

Lettres
à sa mère

Gallimard

Il ne s'agit pas de moi : « Je ne suis que celui qui transporte. »

Il ne s'agit pas de nous : nous sommes route pour Dieu qui emprunte un instant notre génération et l'use.

(Citadelle.)

Prologue

On a pu écrire d'Antoine de Saint-Exupéry :

« Nous savons qu'il n'a pas connu la paix. Il ne pensait qu'à distribuer l'essentiel, moins aux sédentaires, aux satisfaits, qu'aux impatients, à ceux qui brûlent, quel que soit le feu qui les enflamme[1]. »

C'est à ceux-là que s'adresse le message d'Antoine, parce qu'il a rencontré les mêmes joies, les mêmes difficultés, les mêmes espoirs, peut-être les mêmes désespoirs.

Ses lettres et ses livres témoignent de ces joies et de ces luttes :

— Joies d'une enfance heureuse, joie d'un métier magnifique, des amitiés dures et magnifiques des pionniers de l'air : amitié d'un Mermoz, celle d'un Guillaumet.

— Lutte pour la vie matérielle à Paris lorsqu'il était comptable dans une tuilerie.

— À Montluçon quand il représentait les camions Saurer.

— Lutte contre les sables et les éléments, quand il

1. Pierre Macaigne.

11

assurait la ligne Toulouse-Dakar. Dans le désert de
Libye au cours du raid Paris-Saigon.

   — Lutte contre la solitude dans l'isolement de
Cap-Juby.

   — Lutte contre l'injustice à Marignane.

   — Lutte contre le découragement quand, débarqué
à Alger, prêt à mourir pour son pays, il s'était vu refu-
ser, selon son expression, de « participer ».

   — Enfin, lutte suprême à Borgo, lutte avec la mort.

   De ce combat constant qui, de son enfance choyée,
l'a mené durement jusqu'à Dieu, ses lettres portent
témoignage.

TÉMOIGNAGE DES JOIES
ET DES SOUVENIRS D'ENFANCE

   Étendu seul, la nuit, dans le désert, il retourne en
esprit vers sa maison :

Il suffisait qu'elle existât pour remplir ma nuit de sa
présence.

Je n'étais plus ce corps échoué sur la grève, je
m'orientais, j'étais l'enfant de cette maison, plein du
souvenir de ses odeurs, plein de la fraîcheur de ses
vestibules, plein des voix qui l'avaient animée ; et
jusqu'au chant des grenouilles dans les mares, qui
venait me rejoindre. Non, je ne bougeais plus entre le
sable et les étoiles, je ne recevais plus du désert un
message froid, et même ce goût d'éternité que j'avais
cru obtenir de lui, j'en découvrais maintenant l'ori-
gine : je revoyais ma maison.

Je ne sais pas ce qui se passe en moi, cette pesanteur me lie au sol, quand tant d'étoiles sont aimantées, une autre pesanteur me ramène à moi-même : je sens mon poids qui me tire vers tant de choses, mes songes sont plus réels que ces dunes, que cette lune, que ces présences...

Ah ! le merveilleux d'une maison, ce n'est point qu'elle vous abrite ou vous réchauffe, ni qu'on en possède les murs, mais bien qu'elle ait déposé en nous, lentement, ces provisions de douceur ; qu'elle forme, dans le fond du cœur, ce massif obscur, d'où naissent, comme des eaux de sources, les songes[1].

La maison qui fut pour Antoine « provision de douceur » était une maison sans style précis, mais accueillante et spacieuse.

Le parc, avec le mystère de ses bosquets de lilas, ses grands tilleuls, était le paradis des enfants. Là, Biche apprivoisait les oiseaux, et Antoine les tourterelles.

Mais tous se réunissaient pour « la chevauchée du chevalier Aclin », et les allées voyaient passer le « vol à voile » : la bicyclette nantie d'un haut mât, où s'accrochait une voile. Après une course effrénée, cette bicyclette s'enlevait dans les airs. Mais, de cela, « les grandes personnes » n'ont jamais rien su...

Les jours de pluie, on restait à la maison.

La ressource était le grenier aux « merveilles ». Biche y avait une chambre chinoise, on n'y entrait qu'en se déchaussant. François y écoutait « la musique des mouches ».

Et maman racontait des histoires. Ces histoires

1. *Terre des hommes.*

devenaient des tableaux vivants : Un terrible Barbe-Bleue disait à sa femme : « Madame, c'est dans ce coffre que j'enferme mes couchers de soleil éteints. »

Est-ce là que le Petit Prince les a retrouvés ?

Les enfants avaient une chambre au second. Les fenêtres étaient grillagées pour empêcher les excursions sur le toit.

Cette chambre était chauffée par un poêle en faïence.

Antoine écrira :

La chose la plus « bonne », la plus paisible, la plus amie, que j'aie jamais connue, c'est le petit poêle de la chambre d'en haut à Saint-Maurice. Jamais rien ne m'a autant rassuré sur l'existence. Quand je me réveillais, la nuit, il ronflait comme une toupie et fabriquait au mur de bonnes ombres. Je ne sais pourquoi, je pensais à un caniche fidèle. Ce petit poêle nous protégeait de tout.

Quelquefois vous montiez, vous ouvriez la porte, et vous nous trouviez bien entourés d'une bonne chaleur. Vous l'écoutiez ronfler à toute vitesse et vous redescendiez...

Ma mère, vous vous penchiez sur nous, sur ce départ d'anges et, pour que le voyage soit paisible, pour que rien n'agitât nos rêves, vous effaciez du drap ce pli, cette ombre, cette houle, car on apaise un lit comme d'un doigt divin, la mer.

Trop tôt vient le temps où les mères n'effacent plus les plis, et n'apaisent plus les houles.

Les années de collège et de lycée ramènent encore l'enchantement des vacances.

Le service militaire exile davantage Antoine.

Entre ce service militaire et son entrée à l'Aéro-postale, il est successivement prisonnier d'un bureau, représentant de camions chez Saurer, où il fait d'abord un stage comme ouvrier d'usine.

LUTTE CONTRE LES DIFFICULTÉS MATÉRIELLES
(Paris, 1924-1925)

Il écrit à sa mère :

Je vis tristement dans un sombre petit hôtel; ce n'est guère amusant [...] Ma chambre est si triste que je n'ai pas le courage de séparer mes cols et mes chaussures.

Et plus tard :

Je suis un peu vanné, mais je travaille comme un dieu. Mes idées sur le camion en général, qui étaient plutôt vagues, se précisent et s'éclaircissent. Je pense être bientôt capable d'en démolir un tout seul.

Mais ce qui se précise et s'éclaire surtout chez Antoine, c'est le goût du métier, la conscience dans ce métier; il deviendra exigeant pour lui-même :

Je fais chaque soir le bilan de ma journée : si elle a été stérile comme éducation personnelle, je suis méchant pour ceux qui me l'ont fait perdre [...] La vie

15

courante a si peu d'importance, et se ressemble tant ;
la vie intérieure est difficile à dire, il y a une sorte de
pudeur, c'est si prétentieux d'en parler. Vous ne pouvez imaginer à quel point c'est la seule chose qui
compte pour moi, cela modifie toutes les valeurs,
même dans mes jugements sur les autres [...] Je suis
plutôt dur pour moi-même, et j'ai bien le droit de
renier chez les autres ce que je renie ou corrige en moi.

LUTTE CONTRE LES SABLES
(Toulouse-Dakar, 1926)

*Et voilà la Ligne qui fera d'Antoine un chef et un
écrivain.*

*En octobre 1926, il entre chez Latécoère. Il est
affecté à la ligne Toulouse-Dakar ; après sa première
escale, il écrit de Toulouse :* Ma petite Maman, dites-
vous que j'ai une vie merveilleuse.

Et dans Terre des hommes :

Il ne s'agit pas seulement d'aviation. L'avion, ce
n'est pas une fin, c'est un moyen. Ce n'est pas pour
l'avion que l'on risque sa vie, ce n'est pas non plus
pour sa charrue que le paysan laboure. Par l'avion, on
quitte les villes et leurs comptables et l'on retrouve
une vérité paysanne ; on fait un travail d'homme et
l'on connaît les soucis d'homme. On est en contact
avec le vent, les étoiles, avec la nuit, avec le sable de la
mer, on ruse avec les forces de la nature, on attend

l'escale comme une terre promise, et l'on cherche la vérité dans les étoiles.

Je suis heureux dans mon métier, je me sens paysan des étoiles. Tout de même, je l'ai respiré, le vent de la mer. Ceux qui ont goûté cette nourriture une fois, ne peuvent l'oublier.

Il ne s'agit pas de vivre dangereusement, cette formule est prétentieuse, ce n'est pas le danger que j'aime, c'est la vie.

J'ai besoin de vivre; dans les villes, il n'y a plus de vie humaine.

LUTTE CONTRE LA SOLITUDE
(Cap-Juby, 1927-1928)

En 1927, Antoine est nommé chef d'aéroplace à Cap-Juby.

Ma petite maman, quelle vie de moine je mène dans le coin le plus perdu de toute l'Afrique, en plein Sahara espagnol. Un fort sur la plage, notre baraque qui s'y adosse, et plus rien pendant des centaines de kilomètres [...]

La mer, à l'heure des marées, nous baigne complètement, et si je m'accoude, la nuit, contre ma lucarne à barreaux de prison — nous sommes en dissidence — j'ai la mer sous moi, aussi proche qu'en barque. Et elle frappe des coups toute la nuit contre mon mur.

L'autre façade donne sur le désert.

C'est un dépouillement total. Un lit fait d'une planche et d'une paillasse maigre, une cuvette, un pot à eau. J'oublie les bibelots : la machine à écrire et les papiers de l'aéroplace. Une chambre de monastère.

Les avions passent tous les huit jours. Entre eux c'est trois jours de silence. Et quand mes avions partent, c'est comme mes poussins. Et je suis inquiet jusqu'à ce que la T.S.F. m'ait annoncé leur passage à l'escale suivante — à mille kilomètres de là. Et je suis prêt à partir à la recherche des égarés.

« LIGNE » BUENOS-AYRES
(1929-1931)

Et voici que commence la grande aventure. Elle conduit Antoine par-dessus les Andes, jusqu'en Patagonie. Il est nommé directeur de l'« Aeroposta Argentina ». Il écrit :

Je pense que vous êtes contente, moi, je suis un peu triste. J'aimais bien mon existence ancienne.

Il me semble que ça me fait vieillir.

Je piloterai d'ailleurs encore, mais pour des inspections ou reconnaissances de lignes nouvelles...

De son expérience de pilote en Afrique comme en Amérique du Sud naissent : Courrier Sud, Vol de nuit, Terre des hommes.

Antoine se marie. Il a rencontré à Buenos-Ayres Consuelo Suncin, veuve de l'écrivain argentin Gómez Carillo. Être exotique et charmant, son extrême fantaisie et son refus d'admettre tout partage, même celui qu'exige un travail intellectuel, rendront la vie com-

mune difficile. Cependant Antoine l'a aimée, et sa sol-
licitude l'a entourée jusqu'à la fin. Le Petit Prince et
les lettres d'Afrique en sont l'émouvant témoignage.

Ce qui rend la vie difficile aussi, c'est la dissolution
de l'Aéropostale en mars 1931.

LUTTE CONTRE L'INJUSTICE
(Marignane, 1932)

Pour avoir soutenu ses amis de la Compagnie Aéro-
postale, Antoine est traité sans aménité par « Air-
France » qui a repris l'affaire en liquidation.

De nouveau, sans situation, acculé par les diffi-
cultés, il est obligé de reprendre du service comme
simple pilote.

Lui que les Maures avaient surnommé « le Seigneur
des sables », lui qui avait relié avec un monde civilisé
des contrées presque ignorées, le voici affecté à la
ligne d'hydravions Marseille-Alger dont la base est
Marignane.

La lutte avec les éléments est dure, il sort de justesse
des tempêtes, mais cette lutte l'exalte.

La véritable épreuve est l'incompréhension de cer-
tains de ses camarades : il leur a élevé par ses livres
un monument impérissable, et c'est au nom de ses
livres qu'ils le traitent en amateur, sinon en suspect.

Sa lettre à Guillaumet est l'expression de son amer-
tume :

19

Guillaumet, il paraît que tu arrives, et j'en ai le cœur un peu battant. Si tu savais quelle terrible vie j'ai menée depuis ton départ, et quel immense dégoût de la vie j'ai peu à peu appris à ressentir ! Parce que j'avais écrit ce malheureux livre, j'ai été condamné à la misère et à l'inimitié de mes camarades.

Mermoz te dira quelle réputation ceux qui ne m'ont plus vu et que j'aimais tant m'ont peu à peu faite. On te dira combien je suis prétentieux. Et pas un, de Toulouse à Dakar, qui en doute. Un de mes plus graves soucis a été aussi mes dettes, mais je n'ai même pas toujours pu payer mon gaz et je vis sur mes vieux vêtements d'il y a trois ans.

Pourtant tu arrives peut-être au moment où le vent tourne. Et je vais peut-être me délivrer de mon remords. Mes désillusions répétées, cette injustice de la légende m'ont empêché de t'écrire. Peut-être toi aussi croyais-tu que j'avais changé. Et je ne pouvais pas me résoudre à me justifier devant le seul homme que je considère comme un frère...

Jusqu'à Étienne, que je n'avais pourtant jamais revu depuis l'Amérique du Sud et qui, malgré qu'il ne m'avait pas revu, a raconté ici, à des amis à moi, que j'étais devenu poseur.

Alors toute la vie est gâtée si les meilleurs des camarades se sont fait image de moi, et s'il est devenu un scandale que je pilote sur les lignes après le crime que j'ai fait en écrivant *Vol de nuit*. Tu sais, moi qui n'aimais pas les histoires.

Ne va pas à l'hôtel. Installe-toi dans mon appartement, il est à toi. Moi je vais travailler à la campagne, dans quatre ou cinq jours. Tu seras comme chez toi et tu auras le téléphone, ce qui est très commode. Mais peut-être refuseras-tu. Et peut-être faudra-t-il m'avouer que j'ai perdu même la meilleure de mes amitiés.

SAINT-EXUPÉRY.

LUTTE CONTRE LA SOIF
(Désert de Libye, 1935-1936)

Au cours d'un raid Paris-Saigon, Antoine est face à face avec la mort, son avion tombe dans le désert de Libye. On est de longs jours sans nouvelles de lui. Il recueille le matin la rosée sur les ailes huileuses de son avion, pour tromper la soif. Il agonise. Et cependant il écrit encore, et c'est :

Méditation dans la nuit. Si vous croyez que c'est sur moi que je pleure ? Chaque fois que je revois les yeux qui attendent je ressens une brûlure. L'envie soudaine me prend de me lever, de courir, droit devant moi. Là-bas on crie au secours, on fait naufrage... Ah ! j'accepte bien de m'endormir, ou pour la nuit ou pour des siècles ; si je m'endors, je ne sais point la différence et puis quelle paix, mais ces cris que l'on va pousser là-bas, ces grands feux de désespoir, je n'en supporte pas l'image.

Je ne puis me croiser les bras devant ces naufrages, chaque minute de silence assassine un peu ceux que j'aime.

Adieu, vous que j'aimais, à part la souffrance je ne regrette rien, tout compte fait, j'ai eu la meilleure part, si je rentrais, je recommencerais, j'ai besoin de vivre. Dans les villes, il n'y a plus de vie humaine[1].

Après avoir marché trois jours dans le désert, Antoine est recueilli par des Arabes, alors qu'on le croyait tombé à la mer dans le golfe Persique. Un soir, hâve, déguenillé, fier d'avoir marché contre la mort, il apparaît au seuil du Grand Hôtel du Caire, il est accueilli à bras ouverts par les camarades anglais de la R.A.F.

Redevenu civilisé, il écrit à sa mère :

J'ai pleuré en lisant votre petit mot si plein de sens parce que je vous ai appelée dans le désert.

J'avais pris de grandes colères contre le départ de tous les hommes, contre ce silence, et j'appelais ma maman.

C'est terrible de laisser derrière soi quelqu'un qui a besoin de vous comme Consuelo. On sent l'immense besoin de revenir pour protéger et abriter, et l'on s'arrache les ongles contre ce sable qui vous empêche de faire votre devoir, et l'on déplacerait des montagnes. Mais c'est de vous que j'avais besoin; c'était à vous à me protéger et à m'abriter, et je vous appelais avec un grand égoïsme de petite chèvre.

C'est un peu pour Consuelo que je suis rentré, mais c'est par vous, maman, que l'on rentre. Vous si faible, vous saviez-vous à ce point ange gardienne, et forte, et sage, et si pleine de bénédictions, que l'on vous prie, seul, dans la nuit?

1. *Terre des hommes.*

LUTTE CONTRE LES HOMMES
(Guerre, 1939)

La guerre est déclarée. Malgré tous les arguments de ceux qui voudraient le mettre à l'abri, Antoine écrit à un ami influent :

On veut faire de moi, ici, un moniteur, non seulement de navigation mais de pilotage de gros bombardiers. Alors j'étouffe, suis malheureux, et ne puis que me taire. Sauve-moi. Fais-moi partir dans une escadrille de chasse. Tu sais bien que je n'ai pas le goût de la guerre, mais il m'est impossible de rester à l'arrière et de ne pas prendre ma part de risques...

Il y a une grande dégoûtation intellectuelle à prétendre que l'on doit mettre à l'abri ceux qui « ont une valeur ». C'est en participant que l'on joue un rôle efficace. « Ceux qui ont une valeur », s'ils sont le sel de la terre, alors ils doivent se mêler à la terre. On ne peut pas dire « nous » si on se sépare. Ou alors, si on dit « nous » on est un salaud !

Tout ce que j'aime est menacé. En Provence, quand une forêt brûle, tous ceux qui ne sont pas des salauds prennent une pelle et une pioche. Je veux faire la guerre par amour et par religion intérieure. Je ne puis pas ne pas participer. Fais-moi partir le plus vite possible dans une escadrille de chasse.

Il est affecté à l'escadrille 2/33 ; dix-sept équipages sur vingt-deux sont sacrifiés à la drôle de guerre.
De la ferme d'Orconte il écrit à sa mère :

23

Je vous écris sur mes genoux, dans l'attente d'un bombardement annoncé et qui ne vient pas, [...] mais c'est pour vous que je tremble, cette menace italienne me fait du mal, parce qu'elle vous met en danger ; j'ai infiniment besoin de votre tendresse, ma petite maman. Pourquoi faut-il que tout ce que j'aime sur cette terre soit menacé ?

Ce qui m'effraie plus que la guerre, c'est le monde de demain. Tous ces villages détruits, ces familles dispersées, la mort, ça m'est égal, mais je ne voudrais pas qu'on touche à la communauté spirituelle.

Je ne vous dis pas grand'chose de ma vie, il n'y a pas grand'chose à en dire : mission dangereuse, repas, sommeil ; je suis terriblement insatisfait, il faut d'autres exercices pour le cœur. Le danger accepté et subi ne suffit pas à apaiser en moi une sorte de lourde conscience.

C'est l'âme aujourd'hui qui est tellement déserte, on meurt de soif.

LUTTE CONTRE LES HOMMES (SUITE)
(New York, 1941)

Après l'armistice, Antoine, désolé, malheureux, part pour l'Amérique. Il écrit[1] *:*

Puisque je suis d'eux, je ne renierai jamais les miens, quoi qu'ils fassent. Je ne prêcherai jamais

1. Dans *Pilote de guerre*.

contre eux devant autrui. S'il est possible de prendre leur défense, je les défendrai. S'ils me couvrent de honte, j'enfermerai cette honte dans mon cœur et je me tairai. Quoi que je pense sur eux, je ne servirai jamais de témoin à charge...

Ainsi je ne me désolidariserai pas d'une défaite qui souvent, m'humiliera. Je suis de France. La France formait des Renoir, des Pascal, des Pasteur, des Guillaumet, des Hochedé. Elle formait aussi des incapables, des politiciens et des tricheurs. Mais il me paraît trop aisé de se réclamer des uns et de nier toute parenté avec les autres.

Si j'accepte d'être humilié par ma maison, je puis agir sur ma maison. Elle est de moi comme je suis d'elle.

Mais, si je refuse l'humiliation, la maison se démantibulera comme elle voudra, et j'irai seul, tout glorieux, mais plus vain qu'un mort.

Son livre, Pilote de guerre, *réhabilitera la France aux yeux des Américains. Ses articles les encourageront à participer à la guerre. Il écrit :*

Les responsables de la défaite, c'est vous. Nous étions quarante millions d'agriculteurs contre quatre-vingts millions d'industriels. Un homme contre deux, une machine-outil contre cinq. Si même un Daladier avait réduit le peuple français en esclavage, il n'eût pu tirer de chaque homme cent heures de travail quotidien. Il n'est que vingt-quatre heures dans la journée. Quelle qu'eût été la gestion de la France, la course aux armements se fût soldée par un homme opposé à deux, un canon opposé à cinq. Nous acceptions de nous mesurer à un contre deux, nous voulions bien mourir. Mais pour que notre mort fût efficace, il nous eût fallu recevoir de vous les quatre canons, les quatre avions qui nous manquaient. Vous prétendiez être sauvés par nous de la menace nazie, mais vous construisiez exclusivement des Packard et des frigidaires pour vos week-ends. Telle est la seule cause de notre défaite. Mais cette défaite aura quand même sauvé le monde. Notre écrasement accepté aura été le point de départ de la résistance au nazisme. L'arbre de la résistance sortira un jour de notre sacrifice, comme d'une graine !

LUTTE CONTRE LE DÉCOURAGEMENT
(Alger, 1943)

Débarqué en Afrique avec les Américains, Antoine lance un appel qui est radiodiffusé :

Français, réconcilions-nous pour servir, [...] ne nous disputons pas pour des questions de puissance ou de priorité, il y a des fusils pour tout le monde. Notre vrai chef est la France aujourd'hui condamnée au silence. Haïssons les partis, les clans, les divisions de toutes sortes.

Lassé des polémiques, il multiplie les démarches afin d'obtenir de rejoindre le groupe 2/33. Mais les formalités sont longues, il est triste et solitaire, comme en témoigne cette prière :

Seigneur, donnez-moi la paix des étables, des choses rangées, des moissons faites.

Laissez-moi être, ayant achevé de devenir, je suis fatigué des deuils de mon cœur, je suis trop vieux pour recommencer toutes mes branches, j'ai perdu l'un après l'autre mes amis et mes ennemis, et s'est faite sur ma route une lumière de loisirs tristes.

Je me suis éloigné, je suis revenu, j'ai regardé les hommes autour du veau d'or, non intéressés mais stupides, et les enfants qui naissent aujourd'hui me sont plus étrangers que de jeunes barbares. Je suis lourd de trésors inutiles comme d'une musique qui jamais plus ne sera comprise. J'ai commencé mon œuvre avec la hache du bûcheron dans la forêt, et j'étais ivre du cantique des arbres, mais maintenant que de trop près j'ai vu les hommes, je suis las.

Apparais-moi, Seigneur, car tout est dur lorsque l'on perd le goût de Dieu.

En quoi se retrouver, maison, coutumes, croyances, voilà qui est tellement difficile aujourd'hui et qui rend tout tellement amer.

J'essaie de travailler mais le cœur est difficile; cette atroce Afrique vous pourrit le cœur, c'est une tombe; il serait si simple de voler en mission de guerre sur Lightning.

LUTTE SUPRÊME

(Borgo, 1944)

Mais le 4 juin 1943, Antoine débarque sur le terrain de La Marsa en Tunisie avec un sourire de victoire.

Il a conquis sa paix, une certaine paix de l'esprit, quoique sa lucidité, sur les problèmes de l'heure, ne lui laisse pas grand espoir dans l'avenir.

Il écrit :

Ça m'est bien égal d'être tué en guerre. De ce que j'ai aimé, que restera-t-il ? Autant que des êtres, je parle des coutumes, des intonations irremplaçables, d'une certaine lumière spirituelle, du déjeuner dans la ferme provençale sous les oliviers, mais aussi de Haendel[1].

Les pilotes de l'escadrille sont entassés trois par chambre, tel est le cadre de la vie d'Antoine. De ses pensées mélancoliques, ses camarades n'ont jamais rien su, il veut favoriser leur paix.
Mais il écrit à un ami :

Je fais la guerre le plus profondément possible, je suis le doyen des pilotes du monde, je paie bien, je ne me sens pas **ava**re.

Ici, on est loin du bain de haine, mais malgré la gentillesse de mon escadrille, c'est tout de même un peu la misère.

Je n'ai personne avec qui parler, c'est quelque chose d'avoir avec qui vivre, mais quelle solitude spirituelle[2] !

Le 31 juillet 1944, il apparaît au mess équipé pour le vol.

1. Extrait d'une lettre adressée à un ami.
2. *Ibid.*

« *Pourquoi ne vouliez-vous pas me réveiller, c'était mon tour.* »

Il boit son café brûlant et sort. On entend le vrombissement du décollage.

Il est parti pour une reconnaissance en Méditerranée et sur le Vercors. Le radar le suit jusqu'aux côtes de France, puis c'est le silence.

Le silence s'installe et c'est l'attente.

Le radar essaie d'accrocher une note qui serait un signe de vie. Si l'avion et ses feux de bord remontent vers les étoiles, peut-être va-t-on entendre chanter les étoiles.

Les secondes s'écoulent, elles s'écoulent comme du sang, le vol dure-t-il encore?

Chaque seconde emporte une chance, et voici que le temps passe, et détruit; comme en vingt siècles il touche un temple, fait son chemin dans le granit et réduit ce temple en poussière, voici que des siècles d'usure se ramassent dans chaque seconde et menacent l'avion.

Chaque seconde emporte quelque chose, cette voix d'Antoine, ce rire d'Antoine, ce sourire... le silence gagne du terrain, un silence de plus en plus lourd qui s'établit comme le poids d'une mer[1].

Antoine a été un enfant émerveillé et heureux.

Les difficultés de la vie en ont fait un homme conscient, la Ligne un héros et un écrivain.

L'exil en a fait peut-être un saint.

Mais plus que le héros, plus que l'écrivain, plus que l'enchanteur, plus que le saint, ce qui nous rend Antoine si proche, c'est son infinie tendresse.

1. Adaptation de *Vol de nuit*.

« Sur le chemin, l'étoile est inusable, il faut donner, donner, donner. »

Petit enfant il fait un détour pour ne pas écraser une chenille.

Il monte à la cime des sapins pour apprivoiser les tourterelles.

Au désert il apprivoise les gazelles.

Il apprivoise les Maures.

Et maintenant encore, après des années de silence, il continue à apprivoiser les hommes.

« Qu'est-ce qu'apprivoiser ? » demande le Petit Prince. Et le renard répond : « C'est créer des relations. »

Dans la dernière lettre que nous avons d'Antoine il y a cette phrase :

« Si je reviens ma préoccupation sera : Que faut-il dire aux hommes ? »

C'est cette phrase qui m'a décidée à partager son message.

MARIE DE SAINT-EXUPÉRY.

LETTRES

Cette nouvelle édition complète celles parues en 1955 et 1969, établies par Marie de Saint-Exupéry (1875-1972).

En effet, un certain nombre de lettres ont été ajoutées, intéressantes quant à la jeunesse de Saint-Exupéry, et révélatrices de ses pensées dans les moments difficiles.

Tout écrivain, tout grand homme a entretenu des relations épistolaires avec sa famille. Mais Saint-Exupéry était lié à la sienne par une affection, une tendresse de chaque instant.

La maison et le parc de l'enfance, des êtres chers trop tôt disparus, une mère hors du commun, ouverte à toutes les formes de l'art et de l'esprit, ayant surmonté tout au long de sa vie tant de chagrins et de difficultés, tout a contribué à rapprocher Antoine de Saint-Exupéry de celle à qui il écrivait en 1930 : « Dites-vous bien que de toutes les tendresses la vôtre est la plus précieuse et que l'on revient dans vos bras aux minutes lourdes. Et que l'on a besoin de vous, comme un petit enfant, souvent. Et que vous êtes un grand réservoir de paix et que votre image rassure... »

Nous avons rajouté également la plupart des dessins qui figuraient dans ses lettres.

Quelques lettres adressées par Saint-Exupéry à ses sœurs et à son beau-frère ont été placées dans l'ordre chronologique.

Conformément aux éditions précédentes, les quelques coupures rendues nécessaires par des allusions à des faits intimes ont été indiquées par le signe suivant : [...].

Les lieux et dates indiqués entre crochets sont reconstitués et ne figuraient pas dans les documents originaux.

1

[Le Mans, 11 juin 1910]

Ma chère maman,

Je me suis fait un stylographe. Je vous écris avec. Il va très bien. Demain c'est ma fête. L'oncle Emanuël[1] a dit qu'il me donnerai une montre pour ma fête. Alors esque vous pourez lui écrire que c'est demain ma fête. Il y à un pélerinage jeudi à Notre Dame du Chène; je vais avec le collège[2]. Il fait très mauvais temps. Il pleut tout le temps. Je me suis fait un très jolie autel avec toutes les cadeaux que l'on m'a donné.

                                        Adieu,
Maman chérie je voudrais bien vous revoir.

                                        ANTOINE.

C'est ma fête demain.

1. Emmanuel de Fonscolombe, frère de Mme de Saint-Exupéry, propriétaire du château de La Môle.
2. Antoine, âgé de dix ans, est demi-pensionnaire au collège Notre-Dame-de-Sainte-Croix, au Mans. Sa mère est alors en séjour à Saint-Maurice-de-Rémens (Ain).

2

Ma chère maman,

Je voudrais bien vous revoir.

Tante Anaïs[1] et là pour un mois.

Aujourd'hui, je suis allé avec Pierrot chez un collégien de Ste Croix. On y à gouté et on s'est bien amusé. J'ai communié ce matin au Collège. Je vais vous raconter ce qu'on à fait au pélerinage : il fallait se trouver au Collège à 8 heures moin le quar. On s'est mis en rand pour aller à la gare. À la gare on est monté en train jusqu'à Sablé. À Sablé on est monté en voiture. Jusqu'à Notre Dame du chène il y avait plus de 52 personnes par voiture. Il y avais que des collégiens, il y en avais par dessus et en dedan, les voitures étaient très longues et étaient traînés par 2 chevaux chacunes. En voiture on s'est bien amusé. Il y avais 5 voitures deux voitures pour les enfants de cœur et trois voitures pour les collegiens. Arrivé à Notre-Dame du chène on à entendu la Messe et on à déjeuné à Notre-Dame du chène après. Comme les élèves de l'infirmerie, de 7e, de 8e, de 9e et de 10e allait en voiture pour aller à Solème, comme je ne voulais pas aller en voiture j'ai demandé la permission d'aller à pied avec les élèves de 1re et de 2e division. On était plus de

1. Anaïs de Saint-Exupéry, tante paternelle d'Antoine.

34

200 en rand, notre file tenait une rue entière. Après le déjeuné on est allé visiter le saint sépulcre et on est allé dans le Magasin des Pères et on s'est acheté des choses. Après la 1re et la 2e division et mois est allé à pied pour Solème.

Arrivé à Solème on à continué la promenade et on à passé au pied de l'abéi elle était imense seulement on n'à pas pu la visiter parce qu'on avait pas le temps. Au pied de l'abéi on à trouvé des marbres et quantité. Il y en avait des gros et des petits. J'en aie pris six et j'en ai donné trois et il y en avais un qui avait environ 1 m 50 et 2 m de longueur alor on m'a dit de le mettre dans ma poche. Seulement je ne pouvais même pas le remuer et il était trop grand. Après on est allé gouté sur l'herbe à Solèm.

Je vous ai écris 8 pages.

Après on est allé pour le salut et on s'est mis en rands pour la gare. Arrivée à la gare on à pris le trains pour rentrer au Mans et on est arrivé à la maison a 8 heures. J'ai été 5e en composition de Catéchisme.

Adieu ma chère Maman. Je vous embrasse de tout mon cœur.

ANTOINE.

3

Fribourg, Villa Saint-Jean,
le 21 février 1916[1].

Maman chérie,

François vient de recevoir votre lettre où vous dites que vous ne venez plus qu'au début de mars! Nous qui étions si contents de vous voir samedi!

Pourquoi est-ce que vous retardez? Cela nous aurait tant fait de plaisir!

Vous recevrez notre lettre jeudi, peut-être vendredi, est-ce que vous pourrez nous télégraphier tout de suite que vous venez, vous partiriez samedi matin par l'express et vous arriveriez le soir à Fribourg, nous serions si contents!

Cela nous ferait tant de déception que vous retardiez jusqu'au début de mars! Pourquoi aimez-vous mieux venir plus tard?

Nous espérons tant que vous viendrez! Est-ce que même si vous ne deviez pas venir, ce qui nous ferait tant de peine, vous pourriez nous le télégraphier dès que vous aurez reçu notre lettre pour que nous ayons votre réponse au moins vendredi soir, pour que nous puissions disposer de notre dimanche? Mais sûrement vous voudrez venir!

1. Antoine est alors pensionnaire avec son frère à la villa Saint-Jean dirigée par les Marianites, à Fribourg. Il y demeurera deux années, de 1915 à 1917. Mme de Saint-Exupéry est infirmière-major à l'infirmerie de la gare d'Ambérieu.

Au revoir, Maman chérie, je vous embrasse de tout mon cœur et vous attends impatiemment.

Votre fils respectueux,

ANTOINE.

[P.-S.] Télégraphiez-nous vite dès que vous aurez reçu la lettre sans cela nous perdons notre Dimanche, il nous faut la réponse Vendredi soir au moins.

4

Fribourg, Villa Saint-Jean,
le vendredi 18 mai 1917.

Ma chère Maman,

Il fait un temps merveilleux. Sauf qu'il a plu hier comme j'ai rarement vu pleuvoir ! J'ai vu madame de Bonnevie qui m'a appris ce que François avait, pauvre garçon[1] ! et m'a dit que tout était en règle pour le bac, ce qui m'a rassuré. Mais c'était inutile à vous d'écrire à Paris pour savoir si mon dossier partirait, je l'avais bien fait, il fallait simplement prévenir Lyon de son arrivée, ce que j'avais oublié. Enfin tout est bien qui finit bien...

Hier nous sommes allés nous promener avec Charlot. Nous étions trois et lui (ce qui fait $3 + 1 = 4$).

1. François de Saint-Exupéry, atteint de rhumatisme articulaire, devait mourir le 10 juillet à Saint-Maurice-de-Rémens.

Nous faisons notre retraite de fin d'année un peu plus loin que Lucerne, la semaine de la Pentecôte.

Au revoir Maman chérie, je vous embrasse de tout mon cœur.

Votre fils respectueux,

Antoine.

5

[Paris, Lycée Saint-Louis, 1917[1]]

Ma chère maman,

Je n'ai que le temps de vous dire un mot. Écrivez-moi tous les jours, cela me fera tant de plaisir ! Faites-moi envoyer par Monot[2] mon album [...] avec toutes ses photographies. Il est dans la chambre de Monot où je l'ai oublié. (Mon album, pas mon classeur.)

Nous venons, car tout de même nous nous sommes décidés à jouer aux récréations, de piler à barres les taupins (Polytechniques) 9 à 0.

Par extraordinaire, nous sommes condescendus à nous mesurer avec eux pour leur démontrer notre valeur. Quant à admettre dans l'un des camps des « pistons » (Centrale) personne, ni nous, ni les taupins, ne l'a admis (il fallait quelques types pour boucher des trous dans un des camps, moins nombreux)

1. Après avoir obtenu ses deux baccalauréats à Paris (1916), puis à Lyon (1917), Antoine prépare le concours d'admission à l'École navale au lycée Saint-Louis, à Paris.
2. Surnom donné à sa sœur Simone.

et on a rejeté cette idée avec horreur, les pistons étant
haïs des flottards (naturellement) et des taupins;
comme ceux-ci le sont des pistons et des flottards et
les flottards des taupins et des pistons, etc..., etc...

Ça allait encore de se battre contre les taupins mais
pas d'avoir un ennemi dans son camp.

Les plus atones sont les Cyrards dont on n'entend
jamais parler. Les plus unis nous, puis les taupins et
les pistons chacun de leur côté.

J'ai revu ici un type de Saint-Jean, Berg, qui est
venu me voir au parloir aujourd'hui, drôle de se rencontrer.

Je vais très bien. J'ai communié dimanche.

Monsieur Pagès nous a fait un petit spitch[1] en nous
disant : « Ceux qui ne se sentent pas l'estomac assez
dur pour absorber la petite tranche de mathématiques
que Monsieur Corot et moi allons vous servir feront
bien de quitter maintenant. Si vous aimez les maths
vous n'en manquerez pas ! Je vous le jure. » On travaille d'une façon intensive : je *suis* (sens de suivre)
toujours et en suis très fier. Ça ira, vous en faites pas.

Je vous embrasse tendrement,

Votre fils qui vous aime,

A<small>NTOINE</small>.

Ce sont les pistons qui sont nos ennemis mortels.
D'ailleurs on les méprise, « ingénieur » étant une car-
rière méprisable et « antiflottarique » (pour Monot).

P.-S. Faites-moi faire des truffes en chocolat,
envoyez-moi des choses de ce genre, en quantité, ça
fera bien dans le paysage de mon estomac.

1. *Sic.*

(Je n'aime pas les rissoles de la mère Bossue, inutile que cette illustre personne se dévoue : j'aime la vraie pâtisserie, les macarons, les truffes en chocolat (pas pralinées ! ! !) et les bonbons.

Vous êtes bien renseignée.

Antoine propose et la famille dispose.

Disposez vite, et ravitaillez-moi en bonbons.

6

[Paris, Lycée Saint-Louis, 1917]

Maman que j'aime,

Je suis toujours ravi. Je bûche toujours comme un nègre. Ce matin composition. Écrivez-moi *tous* les jours, ça me fait tant de plaisir, et ça rapproche tant.

J'ai vu l'aumônier. Il a connu papa à Sainte-Croix[1], où il était dans la même classe. Il fait très beau, d'ailleurs maintenant nous sommes chauffés. Je ne manque de rien, si ce n'est de timbres, envoyez-m'en *deux* carnets, s'il vous plaît.

Je vous quitte, maman que j'aime. Et vous, embrasse bien fort.

Votre fils respectueux,

ANTOINE.

1. Notre-Dame-de-Sainte-Croix, collège du Mans où Jean de Saint-Exupéry, père d'Antoine, a été élève, et où Antoine a fait ses études jusqu'en 1915.

7

Maman chérie,

Je trouve enfin quelques moments pour vous écrire. Je viens de passer une colle de math et j'ai 10, c'est pas mal pour moi...

Les Sinety[1] sont à Paris. Ils m'ont invité pour dimanche mais je suis consigné (consigné c'est simplement ne pas sortir, à part ça on est libre de son temps). Comme j'ai terriblement à travailler ça ne m'ennuie pas trop.

Le lycée Saint-Louis est fort agréable mais 12 heures de consigne y équivalent à 5 minutes d'arrêt dans une autre boîte. Quand on en prend son parti, on ne s'en fait pas.

Je suis toujours ravi, enchanté, aux anges et si je vous avais près de moi je serais au troisième ciel. Écrivez-moi bien souvent, vos lettres sont un peu de vous.

Nous avons décoré notre étude et notre classe d'immenses gravures de vaisseaux de guerre et de paquebots de toute sorte, c'est même pour avoir été surpris en fraude en étude, sur un échafaudage, en train de les « punaiser » que nous avons eu nos 12 heures (il est défendu d'aller en étude sauf aux heures d'étude). Je vais vous dire mon impression exacte du point de vue moral.

---

1. Les Sinéty sont des amis des Saint-Exupéry dans la Sarthe.

41

1° Toutes les histoires sur l'immoralité des dortoirs sont archi-fausses : depuis un mois que je suis là tout est impeccable à tous points de vue.

2° Au point de vue religieux, s'il y a évidemment moins de croyants que dans une boîte religieuse, il y a par contre, chose étrange, beaucoup plus de respect humain. Mon voisin d'étude lit parfois les méditations dans un livre de messe sans que son autre voisin, qui ne croit pas à grand-chose, ait seulement l'idée d'en sourire, et je peux lire, si ça me plaît, ma magnifique Bible de Sallès[1] sans qu'on y fasse seulement attention. Ceux qui n'ont pas de convictions respectent totalement et respectueusement celles des autres. Jamais on n'entend de ces « tu crois à toutes ces blagues ? ! ! » qu'on entend dans les autres boîtes. On dit simplement : « tu es catholique, toi ? — oui, et toi ? — non » et c'est tout, pas un sourire de la part de celui qui dit non. Or pour ça c'est épatant. On dirait qu'ici ceux qui ne croient pas respectent plutôt ceux qui croient et les ont en estime.

3° Morale extérieure. Ça, évidemment qu'il y en a qui font la noce en ville, mais eux aussi respectent la morale des autres et admirent plutôt ceux qui ne la font pas.

En résumé s'il y a moins de « croyants » et peut-être de types ne faisant pas la noce que dans un collège religieux, tout le monde a l'esprit simplement plus sérieux que dans les collèges où ceux qui croient sont sages le font en grande partie par routine, par tradition de famille, que sais-je ? D'ailleurs dans ma classe la majeure partie est religieuse.

1. Charles Sallès, condisciple d'Antoine à la villa Saint-Jean de Fribourg et un de ses meilleurs amis.

Je commence à suivre en mathématiques. Ç[...]
chera j'espère.

Je suis passé Brigadier des gendarmes (ils sont une dizaine ou 15 sous mes ordres), je suis en particulier chargé de diriger et de présider les « cirages », mais il n'y en a pas encore eu sous ma juridiction. Le président dit : « il faut cirer un tel » et le Brigadier décide du jour, de l'heure, des circonstances de ce cirage, de la façon dont on se procurera la victime, etc., etc.

Les taupins sont des êtres abjects, vraiment on ne peut pas jouer avec des gens pareils ! Ils sont chicaneurs, étroits d'esprit, mauvais joueurs, hargneux, etc., de compagnie assommante si désagréables qu'on ne leur parlera jamais plus, etc., etc., bref : ils nous ont battus à barre.

Je vais non seulement faire la préparation militaire d'infanterie, mais aussi d'artillerie, ce qui est bien plus intéressant. On suit des cours d'artillerie technique, et des cours pratiques au fort de Vincennes où on tire le canon sous la direction de colonels, etc., on y va chaque semaine.

Le préfet des mœurs a donné sa démission, grand événement. On l'a bombardé trésorier et celui-ci est devenu p.d.m. à sa place.

Il faut tout de même que je vous quitte, aussi je vous embrasse de tout mon cœur pour aller reprendre mes maths.

(Je veux aller à la Môle[1] au jour de l'An, sans quoi je ne vous verrai pas d'ici Pâques !)

Au revoir maman que j'aime.

1. Le château de La Môle, dans le Var, est la maison familiale des Boyer de Fonscolombe, famille maternelle d'Antoine.

Je vous embrasse de tout mon cœur,

Votre fils respectueux.

CHIC À FLOTTE ! ! !
HURE À TAUPE ! ! !
HURE À PISTON ! ! !

Ce qu'on lit sur tous nos tableaux (et qui est d'ailleurs écrit mais inversement dans les études des autres).

À propos de ça nous avons un surveillant qui prépare *piston* (Centrale) et doit avoir 28 ou 30 ans. Aussi piston surtout est injurié sur nos tableaux. On y lit entre autres : « problème de mathématiques pour les pistons : équation du 1er degré à 3 inconnues » (ce qui est exactement équivalent comme difficulté à « Jules a 3 billes on lui en prend une, combien lui en reste-t-il » ou à « combien fait 2 fois 2 »).

C'est mon dernier timbre.

8

[Paris, 25 novembre 1917]

Ma chère maman,

Merci de votre lettre.

Je viens de passer une journée charmante : j'ai déjeuné chez l'oncle Maurice[1], puis suis allé rejoindre tante Anaïs qui vient d'arriver et m'avait donné rendez-vous et nous avons passé l'après-midi ensemble

---

1. Maurice de Lestrange, cousin de Mme de Saint-Exupéry.

au bois. Maintenant je suis de retour à Saint-Louis un peu las car je n'ai presque pas pris le métro, préférant marcher à pied. (J'ai bien fait 15 km.)

Marie-Thérèse[1] se marie jeudi : j'espère pouvoir y aller ce jour-là. J'ai reçu deux lettres très gentilles d'Odette de Sinetty. Je ne sais quand ils arriveront mais ça me fera plaisir de la revoir.

Comment allez-vous ? Ne vous fatiguez pas trop, maman chérie ; savez-vous, si je suis reçu en août, comme je serai officier en février, attaché soit au poste de Cherbourg, soit de Dunkerque, soit de Toulon, je louerai une petite maison et nous habiterons là tous les deux : on a trois jours de terre et quatre jours de mer, et pendant les trois jours de terre nous serons ensemble : ce sera la première fois que je serai seul dans la vie, et il me faudra bien ma maman pour me protéger, un peu, au commencement ! Nous serons très heureux, vous verrez. Ça durera quatre ou cinq mois avant que je ne parte pour tout de bon, et alors vous serez contente d'avoir eu quelque temps votre fils près de vous.

Il fait un brouillard opaque, pire qu'à Lyon, je n'aurais jamais cru ça.

Pouvez-vous m'envoyer les choses suivantes (les autorisations à acheter n'ont pas cours ici comme à Fribourg) :

1° Un chapeau melon (ou plutôt envoyez *à madame Jordan de quoi m'en acheter un*). Mais aussi 1° Pâte dentifrice « Botot » ; 2° Lacets de souliers (achetés à Lyon, et non à Ambérieu où ils cassent) ; 3° Des timbres quoique j'en aie encore 12 (c'est moins pressé) ; 4° Béret de matelot.

1. Marie-Thérèse Jordan, fille du général Jordan, épouse le 29 novembre 1917 Jean Denis.

Mais comme je sors ce jeudi-ci, pour la seule et unique fois, c'est le jour où en profiter pour le chapeau melon et le béret (il me *faut* un chapeau pour sortir dimanche avec Yvonne). Écrivez donc un mot aujourd'hui lundi à madame Jordan, avec de l'argent, de façon à ce qu'il arrive avant jeudi et que je puisse m'acheter ce jour-là le chapeau melon, urgent, et le béret, urgent aussi pour la préparation militaire.

Je n'ai guère autre chose à vous dire. On nous rend demain la première composition de français. Je vous écrirai ma place.

Au revoir, maman chérie, je vous embrasse de tout mon cœur, écrivez-moi.

Votre fils qui vous aime,

ANTOINE.

9

[Paris, Lycée Saint-Louis, 1917]

Ma chère maman,

Vous me promettiez de m'écrire tous les jours ! Et je n'ai rien depuis longtemps...

Nous sommes jeudi, dans trois jours, dimanche, je déjeune chez Madame de Menthon[1] qui m'a invité, j'étais allé la voir et y avais laissé ma carte n'ayant trouvé personne, quelle chance.

---

1. Amie de Mme de Saint-Exupéry. Leurs enfants sont très liés.

Il fait un temps triste et sale. Les soirs sont maintenant lugubres, tout Paris est peint en bleu... Les trams ont leur lumière bleue, au lycée Saint-Louis, les lumières des corridors sont bleues, bref, c'est d'un effet étrange... et je ne crois pas que cela doive gêner beaucoup les boches. Cependant si. Quand maintenant on regarde Paris d'une fenêtre élevée on dirait une grande tache d'encre, pas un reflet, pas un halo, c'est merveilleux comme degré de non-luminosité ! Contravention à tous les gens qui auraient une fenêtre sur la rue éclairée ! Il faut d'énormes rideaux !

Je viens de lire un peu de Bible : quelle merveille, quelle simplicité puissante de style et quelle poésie souvent. Les commandements qui ont bien 25 pages, sont des chefs-d'œuvre de législation et de bon sens. Partout les lois de la morale éclatent dans leur utilité et leur beauté : c'est splendide.

Avez-vous lu les *Proverbes* de Salomon ? Et le *Cantique des Cantiques*, quelle belle chose ! Il y a de tout dans ce livre on y trouve même souvent un pessimisme autrement profond et autrement vrai que celui des auteurs qui ont pris ce genre-là par chic. Avez-vous lu *l'Ecclésiaste* ?

Je vous quitte. Je vais bien physiquement, moralement et mathématiquement parlant.

Je vous embrasse bien fort,

Votre fils qui vous aime,

ANTOINE.

10

[Paris, Lycée Saint-Louis, 1917]

Maman chérie,

J'inaugure mon papier par vous...

Si vous venez, apportez-moi à la main, pour que je l'aie plus tôt MON ATLAS dont j'ai bien besoin, je vous en remercierai de tout mon cœur.

Merci mille fois de tout ce que vous faites pour moi, il ne faut pas croire, à cause de mes mouvements de mauvaise humeur, que je suis un ingrat, vous savez comme je vous aime, maman chérie.

Je bûche des maths... toujours. Je vais faire un peu d'allemand.

À demain.

Je vous embrasse,

Votre fils respectueux,

ANTOINE.

11

Maman chérie,

Il vient d'y avoir, dans notre classe, une crise ministérielle : le ministère a démissionné. Le gouvernement
se compose :

A) De zed (président) dit Z;
B) Du V-Z (vice-président);
C) Du P.D.M. (préfet des mœurs);
D) Du K.S. ou caissier;

or, après un vote de confiance, que le président (du
ministère dit « bural ») a voulu faire dans la classe
pour consolider son autorité chancelante, par suite
d'une crise intérieure, il est arrivé que ce vote de
confiance a été au contraire un vote de défiance, et le
gouvernement a démissionné. Dans une séance solen-
nelle, tenue dans une classe vide, et qui a duré une
heure et demie, et où il y a eu des débats prolongés, et
des plus sérieux, on a fini par constituer le ministère
suivant :

Président ou Z : Dupuy,
VZ : Sourdelles,
P.D.M. : de Saint-Exupéry.

Quant au K.S. on n'a pas pu en trouver un, car il
était aussitôt démissionnaire pour des raisons très
compliquées d'intrigues et de contre-intrigues (c'est
tout à fait comme à la Chambre); aussi, après une
journée de pourparlers dans les couloirs, où il régnait

49

une animation extraordinaire, nous avons fini par organiser le gouvernement en excluant le rôle de K.S. du gouvernement, et en faisant de lui une charge perpétuelle et indépendante des ministères. Nous sommes arrivés à faire approuver notre projet et, après quelques essais d'obstruction, des votes de défiance qui ont raté, notre gouvernement est enfin solidement établi. Avant j'étais Brigadier des gendarmes, mais celui-ci n'est pas un membre du gouvernement, c'est un fonctionnaire comme plusieurs autres. Le S.O., le bizut Torche, le C.D.O., c'est-à-dire « chef d'orchestre » chargé de l'organisation des chahuts, etc., et les fonctionnaires sont nommés par nous, et révocables. Mais maintenant je suis du « bural » et nous allons maintenir dans l'hypoflotte une discipline de fer, car la classe doit l'obéissance absolue au gouvernement. Ce qui me sourit le plus, c'est que je vais tâcher de soustraire quelques-unes des archives de la classe pour vous les montrer : ça en vaut la peine, elles sont en effet inaccessibles au commun des mortels.

Rien de neuf. Je vais vous rejoindre à Ambérieu mais nous partirons de suite pour le Midi, n'est-ce pas ? J'ai passé une colle de physique où j'ai eu 14 ça ne va pas trop mal.

Je vous quitte car je n'ai plus une minute, et vous embrasse de tout mon cœur.

Votre fils respectueux,

ANTOINE.

12

Paris, Lycée Saint-Louis, 1917.

Maman chérie,

C'est fait, j'ai déjeuné chez la duchesse de Vendôme... sœur du roi des Belges! Je suis dans une joie
folle de la chose : ils sont charmants. Monseigneur a
l'air excessivement intelligent et est très drôle. Je n'ai
pas fait une gaffe, et ne me suis pas embrouillé une
fois : Tante Anaïs était très contente : si elle vous écrit
quelque chose, envoyez-moi la lettre ?

Ce qui m'a fait le plus de plaisir, c'est que elle m'a
dit (la duchesse de Vendôme) qu'elle m'inviterait un
dimanche à venir à la Comédie-Française avec elle :
Quel Honneur !

Le soir tante Anaïs[1] m'a fait faire $P + Q$ visites
(autant qu'il y a de termes dans « la série harmo-
nique » et c'est beaucoup !...). J'ai fait un excellent
déjeuner, un non moins excellent goûter et... c'est
appréciable.

Pour clôturer la fin de la journée, j'ai été faire une
visite aux S. Je n'ai vu que Monsieur et Madame, les
autres n'étant pas là. Ils m'ont invité à déjeuner pour
dimanche en huit. Je déjeunerai le matin chez eux, et
le soir m'embarquerai pour La Môle dans le rapide...

Seulement, envoyez-moi vite un mandat télégra-

---

1. Anaïs de Saint-Exupéry, tante d'Antoine, est dame d'honneur
de la duchesse de Vendôme.

phique à mon nom, pour que j'aille retenir mon billet et ma place, j'ai tellement peu de temps pour le faire.

À Ambérieu il pleuvra, à La Môle, on aura le soleil et Didi ! Et puis treize jours ça vaut la peine.

Je ne sais si je vous ai dit que j'ai fait dimanche dernier une visite à l'oncle Dubern[1]. L'après-midi, les Jordan m'ont mené au théâtre, voir *Petite Reine*, pièce qui fait courir Paris. C'était très épatant.

Je vous quitte, en vous embrassant de tout mon cœur, comme je vous aime, maman chérie.

Votre fils respectueux,

ANTOINE.

N.B. Paris est en somme une ville moins pernicieuse que les trous de province, en ce sens que je constate que quelques-uns de mes camarades qui faisaient une noce carabinée dans leur ville de province, se tiennent vaguement sages ici à cause des dangers, pour la santé, à faire la noce à Paris. Pour moi, ça va très bien, au point de vue moral, et je crois que je resterai toujours votre même Tonio qui vous aime tant.

---

1. Le comte Eugène Dubern avait épousé Françoise de Fonscolombe, cousine germaine de Mme de Saint-Exupéry.

13

Maman chérie,

On vient de donner les places de la composition de mathématiques et j'ai constaté avec une grande satisfaction que j'ai monté de *cinq* places depuis la dernière fois. Évidemment je suis encore assez loin de la première moitié mais, si ça continue comme cela, j'espère y arriver bientôt! On ne peut pas me demander d'avoir rattrapé en 3 mois 3 années de mathématiques car c'est en somme de 3 ans que je suis en retard sur les autres n'ayant jamais fait que les lettres.

Le bilan de ce trimestre est donc très bon pour moi : non seulement je ne suis pas coulé mais en composition j'ai au-dessous de moi environ 8 types qui ont déjà 3 ans de sciences à leur actif!

Figurez-vous que je suis invité par la duchesse de Vendôme à aller demain avec elle à la Comédie-Française. Elle m'a fait envoyer mon billet : c'est dans une baignoire s'il vous plaît, et la baignoire coûte 40 francs! Ça vaut la peine! Et puis quel honneur!...

Guillaume de Lestrange est à Paris et est venu me voir ce matin. Je suis invité à aller déjeuner chez eux demain malheureusement je ne peux pas. Par contre je déjeune dimanche prochain chez les Sinéty et ça me réjouit fort le cœur!

Je ne sais si je vous ai dit que dimanche dernier j'ai

vu tante Alix[1] qui est bien remontée de 100 mètres, 25 dans mon estime. Ça a dû être la même chose chez elle à mon égard quand elle m'a vu avec un melon, un caoutchouc fort élégant et une tenue irréprochable. C'est avec elle, tante Anaïs, Madame je ne sais plus qui (qui est allée au Maroc et a la Légion d'honneur et que tante Anaïs aime beaucoup, voyez-vous qui ?) et enfin une autre dame royaliste ardente et enthousiaste que nous avons été goûter dans une pâtisserie fort bien achalandée où mon estomac n'a pas perdu son temps.

Le nouveau « bural » d'hypoflotte, dont votre digne fils est un des personnages les plus saillants, s'est présenté aujourd'hui à la flotte « A et B » réunie en séance plénière. Nous avons été convoqués par eux et c'est une séance fort émouvante car ce sont des types que nous ne connaissons pas.

Ils nous ont interrogés, fait montrer des documents relatifs à la crise ministérielle qu'avait subie notre classe, etc., etc., puis après un petit speetch où des noms retraçaient d'une voix pathétique les traditions flottardes ils nous ont fait connaître qu'ils nous agréaient comme bural pour l'hypoflotte (l'hypoflotte étant subordonnée à la flotte).

Étant aussi garde sceaux j'ai en ma possession toutes les archives de la classe et ça ne manque pas d'intérêt. Il y a là des documents où on découvre un tas de petites intrigues, contre-intrigues, etc., ça vaut la peine de le voir et je tâcherai de vous le montrer.

Pour nous débattre contre les louches menées des membres de l'ancien bural j'ai fondé une police secrète dont je vous montrerai les dossiers...

Je suis content (c'est parce que je vais bientôt vous

1. Alix de Saint-Exupéry, épouse de Louis Lecacheux.

revoir !). Le moral est bon et j'espère que je resterai sérieux, aussi sérieux que je vous aime maman chérie, et c'est beaucoup. Je vous embrasse bien fort en attendant, quelle joie, de le faire pour tout de bon bientôt !

Votre fils respectueux,

ANTOINE.

Important et pressé.

N.B. Pour que je puisse partir il faut que sur la feuille de papier à lettre blanche que je vous envoie vous m'écriviez une lettre de quelques lignes me disant de venir vous rejoindre à Ambérieu pour partir dans le Midi et que vous joindrez à votre prochaine lettre, car je dois *donner* et *laisser l'autorisation de départ* au surveillant général. Pourriez-vous faire cela le plus tôt possible ?

14

[Paris, Lycée Saint-Louis, 1918]

Ma chère maman,

Me voilà à Saint-Louis où je suis arrivé avec cinq heures de retard. J'ai pas mal le cafard, mais ça passera, je l'espère. Je sors dimanche, chez madame Jordan, et goûte le soir chez les Sinetty. J'irais bien faire une visite à tante Rose[1], mais je ne sais pas son adresse ? Pourriez-vous me l'envoyer ?

1. Rose Gravier, comtesse Guillaume de Lestrange, cousine de Mme de Saint-Exupéry.

55

Vous avez bien de la chance d'être dans le Midi, mais c'était impossible que j'y aille. Quel retard avez-vous eu ?

Il fait un temps morne et détestable, un froid de chien, etc., j'ai des engelures aux pieds... et à l'esprit, car je suis engourdi au point de vue des Maths, c'est-à-dire que j'en ai par-dessus le dos, c'est bien amusant de patauger dans des discussions de paraboloïdes hyperboliques, et de planer dans les infinis, et de se casser des heures la tête sur des nombres dits imaginaires, parce qu'ils n'existent pas (les nombres réels n'en sont que des cas particuliers) et d'intégrer des différentielles du second ordre et de... et de... ZUT !

Cette énergique exclamation me désenvasote un peu, et me rend quelque lucidité. J'ai causé avec QQ' c'est-à-dire Pagès. Je lui ai donné la galette : vous lui deviez 405 francs mais il mettra le surplus avec la note du prochain trimestre. Il m'a dit que j'avais quelque espoir, ce qui me console des mathématiques.

Ne vous en faites pas si j'ai un peu le cafard, ça passera ! Heureusement que vous êtes dans un joli pays ! Avec la gentille Diche[1], la consolation de vos vieux jours.

1. Surnom donné à sa sœur Gabrielle.

Les petits bouquins « genre Madame Jordan[1] » se sont introduits ici et sont lus avec stupeur. Je crois qu'ils feront un très grand bien. Je vais lui en demander plusieurs demain. Il y a aussi quelque chose de très bien comme moralisation, c'est une pièce de théâtre (de Brieux je crois), *Les Avariés*.

Je vous quitte, maman chérie, n'ayant guère à vous dire, je vous embrasse de tout mon cœur et vous supplie de m'écrire tous les jours, comme avant !

Votre fils respectueux qui vous aime,

ANTOINE.

1. Mme Jordan est une amie de Mme de Saint-Exupéry. Elle reçoit Antoine chaque semaine, et lui fait lire des brochures d'ordre moral pour prévenir le jeune homme de tous les genres de dangers qu'il peut courir.

15

Ma chère maman,

Je ne suis pas mort...

Je vous ai écrit ! Seulement j'ai donné des détails et il y a la censure et aucune lettre détaillée n'est partie de Paris. C'est vous dire que les journaux ne disent pas tout...

Les boches, hélas, n'ont pas perdu leur temps mais d'un autre côté le résultat a été merveilleux : ça a plus remonté le moral qu'une grande victoire.

Les gens qui commençaient à devenir pacifistes et trouver stupide de continuer la guerre ont brusquement changé. Rien de tel que d'entendre le canon, les mitrailleuses et le bruit des bombes. Ça guérit de la neurasthénie de guerre qui envahissait peu à peu les civils. Que les boches reviennent encore une fois et il n'y aura à Paris que les ardents patriotes.

Impossible de vous donner les détails sur les dégâts et sur les morts, ma lettre ne passerait pas.

J'ai déjeuné hier chez tante de Fonscolombe[1] qui va bien. Il y avait les Villoutreys que j'ai été content de revoir.

Personne d'atteint dans les connaissances.

J'ai tout vu, tout entendu et je vous jure que ça

---

1. Baronne Fernand de Fonscolombe, grand-tante d'Antoine, qui le recevait souvent rue Saint-Dominique.

tapait ferme on se serait cru dans une grande bataille, des journaux disent qu'ils sont venus 60, je le crois aisément, quel chahut! J'étais fort bien placé et j'étais dans un enthousiasme délirant, j'aurais bien voulu en voir flamber cinq ou six...

Je ne sais si vous avez lu dans tous les journaux le communiqué boche : « ... nous avons lancé 14 000 kilos d'explosifs sur la ville de Paris. » C'est vous dire qu'ils ne sont, hélas, pas passés inaperçus... Mais on ira faire un petit tour chez eux j'espère.

Comme je ne peux vous donner aucun détail sur les points de chute des bombes, le nom des rues ou des boulevards ni vous dire s'il en est tombé trois boulevard Saint-Michel à cause de la censure qui veille avec succès, je vous quitte maman chérie en vous embrassant de tout mon cœur.

N.B. Ai été voir (mais ils n'y étaient pas) l'oncle et la tante Jacques[1] à Asnières.

Votre fils respectueux,

ANTOINE.

N.B. Dites-moi si vous avez reçu ma lettre.

Je crois que la censure se fait à la chambre noire sans décachetage : c'est beaucoup plus long et ne sais quand vous recevrez ma lettre ? ? ? ? ?

L'administration du lycée épouvantée des résultats du raid nous boucle la prochaine fois dans les caves. Cette fois on était simplement descendu d'un étage. Quels froussards ces gens-là !

---

1. Jacques de Fonscolombe est un frère cadet de Mme de Saint-Exupéry.

Je n'ai point de photos de Diche! Tante Rose en a reçu une que lui a envoyée Didi : elles sont donc faites! Envoyez-m'en vite une : j'en serai si heureux!

Mais envoyez-la-moi dans une boîte. Tante Rose a reçu la sienne absolument chiffonnée et craquelée. Envoyez-m'en une ce soir! Tout de suite!

16

[Paris, Lycée Saint-Louis, 1918]

Ma chère maman,

Merci beaucoup de votre lettre.

Nous allons à Saint-Maurice[1] pour les vacances? ! ! Au fond si c'est utile pour votre bourse je veux bien mais ce n'est pas plus gai qu'Ambérieu : que voulez-vous que j'y fasse seul?

Si encore Louis de Bonnevie[2] pouvait venir, mais jamais sa famille ne le donnera pendant les vacances! Quant à aller à Lyon, ça non. Perdre chaque fois une journée pour le voyage! (Y être à l'état permanent, oui, encore.)

Au fond cela n'a pas grande importance : je ferai des mathématiques et pendant mes récréations quelques expériences de physique et chimie. J'aurais bien

1. Le château de Saint-Maurice-de-Rémens, situé à côté d'Ambérieu en Bugey dans l'Ain, est la propriété où Antoine a passé toutes ses vacances d'enfant. Elle fut léguée à sa mère par la comtesse de Tricaud née Lestrange, « Tante ».
2. Louis de Bonnevie (1900-1927), élève de la villa Saint-Jean et ami intime d'Antoine, brillant officier d'artillerie, mort au Maroc.

aimé aussi faire de la bicyclette mais le père Leduit a dû toute me l'abîmer! Pourriez-vous me la faire ranger chez Michaud?

Je ferai de grandes balades ce sera assez chic, ça.

Verrai-je Didi? J'espère que oui! Serait-il impossible que j'aille en Suisse? Enfin faites comme vous voudrez, cela m'est égal. Seulement écrivez-moi vite la chose définitive car c'est cette semaine que je vais retenir ma place.

Nous avons eu composition de mathématiques divisée en deux parties :

1° Algèbre.

2° Géométrie.

J'ai fait l'algèbre mais pas une ligne de la géométrie (on en n'a pas pour le concours). J'ai donc une place médiocre pour l'ensemble mais Monsieur Pages m'a dit que pour l'algèbre j'étais dans les 5 ou 6 premiers (40 élèves) avec la note 14 sur 20 (je n'ai malheureusement que 7 sur 20 pour le total), ce qui est excellent et me donne de l'espoir.

Les gothas sont venus et ont encore fait du mal. D'une maison de 6 étages il ne reste *pas un caillou*. Toute la maison est dans la rue. Ils reviendront bientôt d'ailleurs.

Je vous quitte en vous embrassant de tout mon cœur.

Votre fils respectueux,

ANTOINE.

Les gothas viennent de revenir. Quel pays! Pas moyen de dormir! Ils ont fait cette fois un grabuge épouvantable, dix fois plus qu'avant-hier. Toute la population va fuir si ça continue. Il y a des victimes en masse et des immeubles effondrés en quantité. Beaucoup de dégâts dont près de Saint-Louis au Luxembourg. (Nous avons été encadrés par les bombes.)

N.B. : Je suis vivant.

Sept bombes boulevard Saint-Germain dont trois sur le ministère de la Guerre près de la rue Saint-Dominique, en face de chez tante.

17

[Bourg-la-Reine, Lycée Lakanal, 1918[1]]

Ma chère maman,

Je vais bien, j'ai reçu hier une lettre de vous.

Nous ne sommes pas mal ici quoique le lycée Saint-Louis ait affecté à notre usage, pour nous accompagner ici, ses plus intolérables surveillants.

Il y a bien aussi un parc, mais il est interdit d'y aller. Heureusement, les cours sont immenses, plantées d'arbres, etc.

Monsieur Corot[2] est inimaginablement épatant. J'ai de l'espoir. Croyez-vous que je serai reçu ?

Madame Jordan va m'avoir le samedi soir et me loger. Ce sera très agréable pour moi. (Mon écriture est affreuse : je suis pressé.)

1. Les plus grands élèves du lycée Saint-Louis ont été évacués à Bourg-la-Reine au lycée Lakanal. L'une des raisons de ce transfert est leur habitude de monter sur les toits pour regarder les bombardements.
2. Professeur de mathématiques, chargé du cours préparatoire à Navale.

Je n'ai pas trop le cafard, quoique plus ici qu'à Paris, étant donné l'isolement où nous sommes perdus dans cet immense lycée.

Il y a moyen je crois d'avoir une chambre. Mettez en tout cas dans votre lettre suivante : « Demande à avoir une chambre, je t'y autorise. » Je me servirai de votre lettre, le cas échéant, car il vaut mieux avoir votre lettre en réserve pour que le jour où ils nous en offriront, le nombre étant limité, je sois sûr d'avoir la mienne en arrivant un des premiers. Ce jour-là est d'ailleurs proche.

Il fait un temps maussade et pas chaud du tout. J'ai d'ailleurs à mon avis tout ce qu'il me faut en fait de linge et de vêtements. J'aurais simplement besoin d'une cravate que je m'achèterai dimanche.

Comment allez-vous ? J'espère que vous ne vous fatiguez pas trop dans votre ambulance. Avez-vous les images ? Envoyez-m'en et envoyez-moi, si vous l'avez, l'agrandissement. J'ai été voir Schæfer[1] qui m'a montré une épreuve trop noire mais pas mal (ils tireront plus clair), j'y retourne samedi.

Tante Rose est toujours délicieuse, et ce qu'il y a de plus délicieux chez elle, qualités morales à part, ce sont les goûters, je goûte chez elle le dimanche et je vous jure que j'ai dans l'estomac du beurre pour toute la semaine... exquis, frais et fondant !

Ceci pour le physique de votre fils qui mange bien, dort bien et travaille bien.

ANTOINE.

1. Éditeur qui a tiré une série de photos de François de Saint-Exupéry sur son lit de mort, d'après un cliché pris par Antoine.

18

Ma chère maman,

J'espère que vous allez bien, je voudrais tant recevoir une lettre de vous. Si vous saviez comme vous me manquez : viendrez-vous me voir ?

Demain, dimanche, je sors, je ne suis pas consigné. (Nous ne sommes que quatre sur vingt à sortir). Il a été distribué cette semaine 208 heures de consigne !

Il fait beau ce soir, aussi peut-on infailliblement prévoir : Gothas, Réveil, Caves. Je voudrais que vous soyez ici pour écouter une fois le tir de barrage. On se croirait au milieu d'un véritable ouragan, d'une tempête en mer, c'est magnifique. Seulement, il ne faut pas rester dehors, parce qu'il tombe des éclats partout qui vous zigouilleraient. Nous en avons retrouvé dans le parc.

Pour Monot voici :

Envoyez-la vendredi soir. Elle arrivera samedi matin et, samedi soir, moi je sortirai. J'irai la retrouver chez madame Jordan et nous dînerons ensemble et irons tous deux au théâtre, en soirée, le lendemain matin, dimanche, nous partirons ensemble pour Le Mans.

Pour son logement de samedi soir, je pourrais en parler à tante Rose : il y aura bien moyen. Seulement pourriez-vous me répondre le plus tôt possible pour que je fasse retenir les places au théâtre (des places pas bien cher). Pourriez-vous donc, en conséquence, m'envoyer la lettre suivante (tante Laure m'implore de venir au Mans) : « Demande à Monsieur Corot de bien vouloir t'autoriser à aller au Mans au mariage de ta cousine[1], je voudrais bien que tu y accompagnes ta sœur. »

On a bien l'air de craindre que les boches ne prennent Paris, un de ces jours, on en parle dans tous les journaux. Si jamais ils venaient je m'évaderais à pied (il sera inutile d'essayer de prendre le train), mais c'est bien peu probable.

Notre vie à Lakanal n'est pas trop ennuyeuse. Nous avons maintenant...

[Lettre dont la fin a été perdue.]

19

[Besançon, 1918]

[dessin]

Ma chère maman,

Il vient d'arriver une chose très triste ; le général Vidal est mis à la retraite, ayant déjà dépassé la limite d'âge. Il partira le 15 septembre de Besançon.

1. Antoinette de Saint-Exupéry épouse, le 18 juin 1918, au Mans, Jean de Grandmaison.

Ma chère maman

Il vient d'arriver une chose très triste ; le
général Vidal est mis à la retraite ayant déjà
dépassé la limite d'âge. Il partira le 15 septembre
de Besançon. Quoique cela dut fatalement arriver,
tout le monde le regrette quand même.
Madame Vidal, etc., tout le monde m'a dit
que cela leur ferait grand plaisir de vous voir ici
avant leur départ.

Mais de votre côté. Avez vous mes papiers ?
urgent ! Il est grand temps ! Envoyez-les-moi,
c'est absolument pressé !

Lettre 19.

La nymphe du foyer
se chauffe les mains
un soir d'hiver.
Il rêve .... aqui

la nymphe du foyer.

Je viens de recevoir une très petite lettre de Cowl
qui m'encourage, je l'adore cet homme.
Je suis très perplexe me demandant s'il ne vaut
pas m'engager ces jours-ci pour être interprète de suite
j'attends d'ailleurs une réponse du ministère de
la marine. Au fond je crois que c'est

aussi bien s'attendre le
18 octobre date probable
de l'appel.

Ça me fera si grand
plaisir de vous voir
au mois
de septembre.

Pour le moment je travaille

Je crois deviner
qui elle soit ....

Lettre 19.

Quoique cela dût fatalement arriver, tout le monde le regrette quand même. Madame Vidal, lui, tout le monde m'a dit que cela leur ferait grand plaisir de vous voir ici avant leur départ.

Merci de votre lettre. Avez-vous mes papiers urgents? Il est grand temps! Envoyez vite, merci; c'est absolument pressé.

La nymphe du foyer se chauffe les mains un soir d'hiver, et rêve... à qui?

[*dessin*]

La nymphe du foyer.

Je viens de recevoir une très gentille lettre de Corot, qui m'encourage, je l'adore cet homme.

Je suis très perplexe, me demandant si je ne peux pas m'engager ces jours-ci pour être incorporé de suite. J'attends d'ailleurs une réponse du ministère de la Marine. Au fond, je crois que c'est aussi bien d'attendre le 15 octobre, date probable de l'appel.

Ça me fait si grand plaisir de vous voir au mois de septembre.

[*dessin*]

Je crois deviner à qui elle rêve...

toujours mon coche et aussi mes matin.
le reste du temps je parle art avec le sculpteur
Quénod qui vous avez du moi ici, on fait des
vers mari
j'ai peu
de temps.

allons nous promener a gerviens...

a gerviens...   l'infidèle !

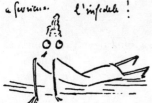

dans gerviens écris que
devint mon ami !

Ramie
ton ennemi.

Pour le moment, je travaille mon boche et aussi mes mathématiques. Le reste du temps, je parle art avec le sculpteur Guénod que vous avez dû voir ici, on fait des vers, mais j'ai peu de temps.

[*dessin*]

Allons nous promener à Gévrieux...

[*dessin*]

À Gévrieux : l'infidèle !

[*dessin*]

Dans Gévrieux désert, quel devint mon ennui !
Racine
(Andromaque)

Arianne, ma sœur, de quel amour blessée
Vous mourûtes aux bords où vous fûtes laissée ?
Racine
(Phèdre)

Dimanche, Madame Vidal, je ne sais qui et moi allons faire une grande excursion. Vous me dîtes de vous donner des détails sur mon existence, mais je travaille tout le temps, c'est peu varié...

Je vous quitte pour aller faire de l'algèbre. Je vous embrasse de tout mon cœur.

Votre fils respectueux,

ANTOINE.

20

[Besançon, 1918]

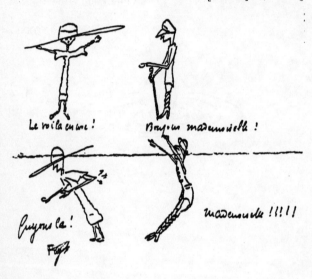

Ma chère maman,

Le grand jour est arrivé : je passe demain mon conseil. Je serai incorporé dans l'artillerie comme candidat aux grandes écoles et partirai le 15 octobre.

J'obtiendrai de mon chef de corps l'autorisation de continuer mes études et pourrai suivre les cours à Saint-Louis (mais il n'est pas tenu à m'accorder cette autorisation). Si je suis reçu à Navale tout sera bien ; si je suis recalé, je demanderai à passer dans les chasseurs, ce qui, d'après le général, est très facile, d'autant plus qu'on peut dans ce cas choisir son bataillon assez facilement : je me rencontrerai aussi avec pas mal de camarades, ayant décidé de nous engager tous en cas d'échec dans le même bataillon de chasseurs. Une fois sur le front je demanderai l'aviation, si on veut bien me l'accorder. En tout cas, je serai soldat à partir du 15 ou 30 octobre.

[...]

Je fais évidemment de grands progrès en boche, mais vu ma nullité, j'ai beaucoup à faire. Pourtant je crois être à peu près sûr maintenant de ne pas avoir de note éliminatoire, ce qui est déjà énorme.

Je sais très bien mon « optique » en physique, je n'ai plus que « le magnétisme » à repasser. Comment tout cela va-t-il se passer, je l'ignore. Nous entrons dans le grand inconnu...

J'espère que vous allez bien et que vous ne vous fatiguez pas trop.

Comment va Mimma? Va-t-elle mieux?

Je vous embrasse de tout mon cœur.

Votre fils respectueux,

ANTOINE.

Je viens de passer mon conseil où j'ai été examiné sous toutes les coutures. On est là une trentaine de types en habit d'Adam devant le jury qui, lui, est sur une estrade. Naturellement, je suis bon, on m'a même félicité.

21

[Besançon, 1918]

Ma chère maman,

Avez-vous mes papiers? Ils sont très pressés.

Comment allez-vous, j'espère que vous vous portez bien et qu'un de ces jours vous prendrez le train pour Besançon...

Je fais en allemand pas mal de progrès. Je me mets aussi aujourd'hui à réparer mes malles et en plus de tout cela je fais quelques vers.

Mon écriture, horrible et zigzagante, est due à ce que j'écris sur mon genou, position instable entre toutes.

Monot m'a écrit comment finissent les amours du noble et gentil chevalier de La Poisette. Quel homme! C'est fantastique tout de même...

car si les écrivains s'entendaient chanter
ils resteraient bleus (comme à Paris).

Réflexion faite j'ai beaucoup d'esprit.

une des plus
belles étoiles
de cette maison
(un je n'ai de crapés
me le rif comment
est-il — ?

Spécimen homme

Je vous quitte
mes amis sont
très affreux et
je suis trop mal
pour écrire.

Je vous embrasse
tous mon cœur
le plus respectueux

Lettre 21.

J'ai reçu une lettre de Bonnevie, qui, voulant s'engager, ne l'a pu : si je suis recalé, on essaiera d'aller dans le même régiment, car je ne compte pas rester au Ve d'artillerie, à moins qu'il ne puisse y venir aussi, mais l'artillerie ne me tente pas. Peut-être aussi serai-je reçu ; et alors... en route pour Brest (quart de place...)

Les Vidal sont toujours charmants pour moi. Madame Vidal, chez qui j'ai déjeuné dimanche, m'a emmené faire une excursion aux environs avec Madame de je ne sais plus qui et on a emporté le goûter qui était exquis d'ailleurs.

Que se passe-t-il de neuf à Saint-Maurice ? La poucelette roucoule-t-elle souvent et s'affuble-t-elle de vêtements si pleins de discrétion et d'élégance qu'elle se ferait suivre même par des réverbères : c'est pire qu'Orphée. (Seulement, ce n'est pas son chant qui est en cause, car si les réverbères l'entendaient chanter, ils en resteraient bleus (comme à Paris).

Réflexion faite, j'ai beaucoup d'esprit.

Une des plus belles étoiles de cette maison que je viens de croquer sur le vif. Comment est-ce ?

[*dessin*]

Spécimen homme.

Je vous quitte. Mes dessins sont trop affreux et je suis trop mal pour écrire.

Je vous embrasse de tout mon cœur.

Votre fils respectueux,

ANTOINE.

22

[Paris, 30 juin 1919]

Ma chère maman,

Je suis de retour à Paris où je reçois votre lettre. Je réponds télégraphiquement à votre bonhomme [...] Je serai si heureux de vous revoir et d'être un peu seul avec vous. Je suis désespéré de vous sentir malade. Votre fièvre tombe-t-elle?

Ce serait épatant d'être sur un sommet tous les deux. (Comme on dit en Suisse, « que serait-ce pour un sommet? » Les Alpes? Le mont Blanc? Vous feriez des croquis et des aquarelles. Et puis nous combinerions de grandes pièces de théâtre... et puis... et puis... bien des choses. Et surtout vous vous retaperiez!

Si vous montez dans les hauteurs avant mon arrivée, écrivez-moi où vous allez, que je vous y rejoigne.

Je suis allé hier au grand guignol avec Louis de Bonnevie, pièce macabre selon la tradition du lieu. Ça se termine sur l'image enchantée d'un hara-kiri selon les règles (remarquablement bien joué).

Vous m'annoncez une lettre de Monot, mais vous ne joignez rien à la vôtre...

L'oncle Guillaume est paraît-il à Saint-Maurice, vous ne le verrez pas?

Il ne fait pas chaud ces jours-ci, mais je préférerais cuire, rôtir, griller et vous savoir dans une atmosphère meilleure pour vous! Avez-vous toujours si froid?

C'est assez cocasse !
Je ne sais plus guère
quoi vous dire.

Lettre 22.

Je ne sais pas
dessiner... Zut!
Alors je vous quitte
Car je n'ai de rien

J'ai reçu de la seconde des Menthon une longue lettre de 4 pages avec photos, images, etc., à l'occasion de mon anniversaire (j'ai eu 19 ans hier). Oui, j'ai eu 19 ans le premier jour de la paix... C'est assez cocasse!

Je ne sais plus quoi vous dire.

[*dessin*]

Je ne sais pas dessiner... Zut!

Alors je vous quitte, car je n'ai décidément plus rien à vous dire.

Votre fils respectueux,

Antoine.

Je vous embrasse bien fort.

23

[Paris, 1919]

Ma chère maman,

Voilà quinze jours que je n'ai pas une lettre de personne. C'est bizarre ces périodes où tout le monde se donne le mot, sans se connaître...

Je vais bien. Je n'ai pas trop le cafard ces temps-ci mais pas mal de travail. Je suis sorti à peu près tout le temps chez tante Churchill[1] qui décidément me plaît fort. J'ai dîné jeudi soir chez les Jordans, je déjeune demain avec les Bonnevie, jeudi à Asnières, dimanche en huit chez les Vidal que je viens d'aller voir. J'ai fait quelques vers dont une poésie assez longue qu'on trouve qui vaut [?] et un ou deux sonnets assez bien mais j'ai autre chose à faire et je relègue cela dans le buvard que vous m'avez donné jadis !

Je fais au violon des progrès successifs et j'attaque tour à tour les *Nocturnes* de Chopin. J'en sais un très difficile et que je joue assez bien. Une splendeur : le XIIIe.

J'espère que tante va mieux : je pense avoir une lettre de vous ce soir car un malin démon prend plaisir à faire se croiser nos lettres. Peut-être même êtes-vous repartie pour le Midi ?

Donc je déjeune demain chez les Bonnevie. Ces braves gens m'emmènent au théâtre. J'espère que c'est à *La Belle Hélène*, mais je ne sais pas encore.

Que devient Monot ? Pas plus de nouvelles d'elle que des autres... C'est vrai qu'elle ne doit pas en avoir énormément de moi, à moins que je ne sois somnambule et que je n'écrive quand je dors.

Le petit Baudelaire que vous m'avez donné est devenu un vieil ami. Pourtant mon vieux bouquin déchiqueté avait aussi sa valeur, il s'ouvrait tout seul où je voulais. La force de l'habitude. Il ne craignait pas les méditations courbées dessus par une pluie torrentielle dans le bois de Boulogne, mais peu à peu je

---

1. Amicie de Saint-Exupéry, épouse de Sydney Churchill.

l'oublie pour le petit bijou que vous m'avez donné et où les trouvailles précieuses de Baudelaire trouvent un écrin digne d'elles... Que voilà une jolie phrase...! Deviendrais-je pompeux?

Je suis ces temps-ci assez content. D'abord je n'ai pas le cafard. Ensuite je travaille, ce qui me met la conscience en repos, et enfin je trouve un peu partout des choses qui me plongent dans des extases inconnues jusqu'à ce jour. Une note de Chopin, un vers de Samain, une reliure de chez Flammarion, un diamant de la rue de la Paix, que sais-je... Après mon cafard jaunissical je pense à ce vers de Samain:

« Et te découvrir jeune et vierge comme un monde. »

Ainsi même dans la façon de prendre un cours de mathématiques je découvre des possibilités d'émotion artistique et je vous montrerai un cahier d'analytique où l'ordonnance du texte, l'harmonie des titres, l'élégance spirituelle des figures fait songer à une édition d'art enrichie d'arabesques étranges. Et la strophoïde bipolaire qui n'était qu'une pauvre courbe du quatrième degré se hausse au rôle délicat de motif d'ornementation.

Mon bouquin d'art — le vrai, aux pommes de pin — a un certain succès. On trouve que je *stylise* assez bien. On trouve aussi, comme je vous l'ai dit, épatant mes vers « Les Pèlerins du beau », je les réciterai dimanche en huit aux Vidal.

Et puis vraiment la vie a des jours charmants. J'ai de sympathiques camarades à qui je suis sympathique. Ils sont spirituels et des trouvailles à la « Sabran » me plongent aussi en extase. On discutait sur le sujet prosaïque des totos et de la façon de s'en débarrasser. « Très simple, fait l'un de nous avec une gravité de *magister*, tu tailles poils et cheveux en escaliers et tu enlèves la rampe, alors ils se flanquent la g... par terre. » Charmant... Pas attique du tout mais charmant.

Comment va Biche... ? Je grognais dans le temps que j'étais à Lyon mais au fond je fus extrêmement flatté de sortir seul avec elle... et puis vraiment elle me fit honneur : son manteau avait un certain chic... elle n'était pas laide, laide, laide... Embrassez-la de ma part.

Je me suis mis à étudier mon violon 1/2 heure chaque jour. J'espère faire ainsi quelques progrès... Ah, savoir jouer... Figurez-vous que j'ai composé un morceau étrange et navrant et lugubre... et que j'aime bien. Seulement je ne le joue que quand je suis seul, il ne faut jamais risquer de faire s'évanouir les gens, par ces temps d'encéphalite léthargique ça peut avoir de funestes conséquences. Reste à savoir s'ils s'évanouiraient par excès d'émotion artistique ou par excès d'horreur.

J'ai écrit à Sabran par avion... La ligne fonctionne avec le Maroc. Vous mettez votre lettre à la poste *le soir*, elle est le lendemain soir à *Rabat* ! ! !

Au revoir maman chérie. Excusez mon écriture, j'ai battu tous mes records de vitesse...

Je vous embrasse comme je vous aime.

Votre fils respectueux,

ANTOINE.

24

[Paris, 1919-1920]

Ma chère maman,

Je vous écris de chez Madame Jordan. Je dîne ce soir chez les Trévise. Dimanche prochain déjeuner de réunion d'anciens élèves de Saint-Jean.

Comment allez-vous, ma pauvre maman ? Pouvez-vous m'envoyer souvent des nouvelles de Monot ? Pauvre gosse... Comment va-t-elle ?

Je travaille pas mal. Mes dernières notes d'interrogation sont 12, 14, 14, les maths marchent bien.

Je suis retourné au Jardin des Indépendants avec un de mes amis. Il y a des choses tout de même, mais que d'horreurs. Ce qui est hideux c'est en particulier les tableaux modernes d'académies. On se croirait devant une devanture de boucherie : aucun art, aucun rythme des lignes : une énorme masse de chair. [...]

J'ai fait une autre poésie « Les Pèlerins du vrai » qui enthousiasme mes camarades. Mais j'attends de la montrer à des gens qui s'y connaissent plus que ces charmants garçons. Je continue à promettre aux gens de leur recopier des vers, mais vraiment je n'ai même pas le temps de les recopier pour moi... On verra ça pendant les vacances. Je suis content parce que je crois avoir fait un saut en hauteur avec mes dernières poésies.

Je crois que je vais devenir un fidèle disciple de Samain ou plutôt non car je hais de le confiner en un genre, mais je veux dire que Samain dans *Le Chariot* [...] m'enthousiasme de plus en plus.

J'ai déjeuné dimanche dernier chez l'oncle Hubert,

après quoi j'ai été voir prier *La Vierge folle* d'Henry Bataille : une pièce extraordinairement poignante — pénible même — et géniale. Henry Bataille est un grand génie de théâtre. Bernstein et lui sont à mon avis des types remarquables. J'essaierai certainement de faire du théâtre, ça me passionne, c'est un genre de littérature remarquable au point de vue de la puissance d'émotion qu'on peut y condenser. C'est moins propre à la complexité des idées qui doivent être évidemment assez générales pour se prêter à cette structure.

Je lisais je ne sais plus quelle revue : « Vraiment, je ne vois pas Kant ou M. Boutroux inventant des idées pour théâtre. » À mon avis, les auteurs comme Bernstein ou Bataille vous mettent plutôt en face d'une idée qui est en somme une « constatation », une « situation ». « On ne se connaît jamais, même quand on croit s'aimer, et l'homme reste rentré en lui-même. » *Le Secret*, Bernstein.

« Il y a dans la vie des situations insolubles qui sont la déroute des idées admises. » *La Vierge folle*, Bataille.

J'ai fait des réflexions sur le prétendu rapprochement du génie et de la folie, j'ai envie de les écrire. Il me semble que c'est jouer sur les mots, sur le mot folie.

Si la folie est l'incohérence de l'esprit, l'impuissance à diriger une synthèse, il me semble que c'est extraordinairement éloigné du génie qui est la puissance de concevoir une association mentale cohérente et de bâtir une synthèse.

Seulement, quand les associations mentales sont trop lointaines et que le génie intuitif néglige de poser les idées intermédiaires, sa synthèse peut sembler incohérente, mais alors la folie, si folie il y a, n'est plus une succession de contradictions mais tout à fait d'un autre ordre d'idées et le mot devrait être différent, mais je n'ai pas le temps de vous exposer ma théorie, d'ailleurs je ne l'ai pas bien présente à la tête en ce moment-ci.

Je voudrais vous dire quelque chose d'amusant mais vraiment je ne vois rien de bien comique.

Je viens de lire un sonnet d'Henri de Régnier, très bien. Il parle des douze mois de l'année. Onze ont passé sans lui apporter rien d'autre que déception et tristesse, mais voilà décembre :

« ... que viens-tu m'apporter dans ma nuit ?
Eux leurs espoirs menteurs ne sont plus que des
                                                    ombres
Mais toi ! Si j'allais voir se lever aujourd'hui
L'étoile du bonheur au fond de tes yeux sombres ! »

Je vois Louis assez souvent. J'irai voir les Sabran ces jours-ci. Quel dommage que Marc[1] soit au Maroc : quel ami j'avais là !

Viendrez-vous à Paris. Je comprends votre désarroi au milieu de toutes ces inquiétudes et ces complexités de la vie. Mais au moins ne vous inquiétez pas pour moi : je vais bien, je n'ai pas de cafard et je travaille.

Je vous quitte maman chérie. Je vous embrasse de tout mon cœur, comme je vous aime. J'embrasse aussi la pauvre Simone.

                                        Votre fils respectueux,

                                                    ANTOINE.

Pourriez-vous m'envoyer un mandat télégraphique aujourd'hui que je puisse sortir mardi ?

Souliers — caoutchouc — argent de poche.

1. Marc Sabran, camarade de Bossuet et ami lyonnais des Saint-Exupéry.

86

25

Ma chère Monot[1]

Merci de ta lettre d'il y a un ou deux mois, je m'empresse de t'y répondre. Je ne me rappelle plus bien si tu m'y posais des questions, aussi je passe de suite à l'ordre du jour.

Oui, je fais Centrale; c'est impossible que je sois prêt pour cet examen-ci, vu que je n'ai jamais fait

    de dessin de machine

    de dessin d'architecture

    d'épures aussi calées de chimie (le programme
    de chimie étant fort chargé).

2° Je ne pourrai pas me présenter à Navale vu que je n'en travaille pas le programme. Enfin, faut être fataliste.

J'ai fait jeudi une promenade de trente kilomètres avec Yvonne de Trévise qui est la plus charmante personne que je connaisse, originale, fine, intelligente, supérieure en tous points et avec ça gentille comme tout. Nous faisons un tas d'excursions ensemble et elle va peut-être m'amener les vendredis soir dans sa loge... ça me changerait des mathématiques... J'ai été deux fois consécutivement chez les N... : déjeuner, musique, vers et théâtre. Ils m'ont tous fait un accueil charmant et sympathique et le plus agréable, MAIS... mais (et garde ça pour toi) je n'arrive pas à comprendre comment j'ai pu 15 jours me toquer, si

---

1. Surnom donné à sa sœur Simone.

peu que ce fût, de Jeanne. Je crois que c'était la première jeune fille qui me faisait un peu de frais (Madeleine de Tricaud ne m'y ayant jamais habitué) et que ça a ému mon faible cœur.

> J'ai déjà un cœur, et mon faible cœur,
> etc.   Musset

Maintenant, je suis désespéré de cet engouement passager qui me fait baisser dans ma propre estime : c'est exactement l'opposé de mon type.

Et je la trouve plutôt mal que bien. P. ex. je n'aime pas les femmes trop massives et celle-là, sans être exagéré, pèse un peu trop lourd à mon avis. Son sourire n'est pas mon idéal. Bref, je suis revenu de mon impression première qui a d'ailleurs peu duré. Elle m'agace même un tout petit peu, par réaction, je pense, mais à part ça domaine spécial, elles sont tout à fait gentilles et aimables et ce sont de charmantes camarades. Mais ce que je préfère dans la famille, c'est encore Madame de N... qui a de la « race », de l'intelligence, de la largeur dans les idées et moult autres qualités qui en font une femme du monde épatante.

Je prends des leçons de danse dans le milieu Jordan. C'est le milieu protestant riche et bien, à relations bonnes, mais je n'y vois pas une jolie jeune fille, même pas approchant des M... de Lyon (à qui, entre parenthèses, tu vas dire bonjour de ma part, surtout à la seconde, je les trouve charmantes). Et de plus il n'y a pas de race évidente dans celles que je vois, quoique plusieurs soient de bonnes familles. Elles ont peut-être un peu trop l'air d'Anglaises...

Je trouve, à part le boston, ce qui est plutôt maigre, toutes les danses modernes effroyables... le tango peut-être moins, et encore ! mais chut !... Veux-tu que je te dise, on dirait deux tabourets qui dansent ensemble. C'est anti-esthétique au possible.

Quand je serai ingénieur et écrivain, que je gagnerai beaucoup d'argent, que j'aurai trois autos, nous irons faire ensemble un voyage à Constantinople en auto, ça sera charmant. Sur ce je te quitte vers ce bel espoir et écris-moi.

Ton fraternel

ANTOINE.

26

[Paris, 1919]

Ma chère maman,

Merci de votre lettre. Elle m'a fait si grand plaisir. (Je ne sais plus écrire car j'ai une plume de stylo neuve qui ne s'est pas encore habituée à mon écriture. J'ai cassé l'autre.) Excusez ces pattes de mouche.

Je vais bien, seulement je suis fatigué et je vais me reposer huit jours au Mans.

L'oral de Centrale est dans une quinzaine de jours ou plus. Mais si je m'y présente, c'est par curiosité sans la moindre illusion : tout le monde passe l'oral. Je dois bien avoir 2 comme moyenne à l'écrit.

Louis qui a mieux réussi que moi trouve même inutile de se présenter à l'oral et ne se préoccupe plus de son examen.

De mon côté j'aime autant travailler jusqu'au bout mais pas pour l'examen qui est dans l'eau.

Je vous écris de chez Yvonne[1] chez qui je loge ce soir avant de partir pour Le Mans. Je vois assez souvent les Bonnevie [...] quant à Louis, il est fort charmant [...].

Hier, il y a eu un immense monôme avenue de l'Opéra. J'ai compté 45 autos que nous empêchions de passer ! 45 ! nous avons trouvé un truc épatant : une ficelle de 1 kilomètre va du commencement à la fin du monôme : aucun véhicule ne peut alors le couper... ce fut assez cocasse.

Je suis en correspondance avec Dolly de Menthon : décidément ces gens sont délicieux pour moi.

En pensant Jeanne, je pourrais chanter la ritournelle de Didi :

« On dit que tu te maries... » en versant des torrents de larmes amères et même au besoin me suicider d'un coup de rasoir gilette... non... je suis fort, je résiste à

---

1. Yvonne de Lestrange, alors duchesse de Trévise, cousine issue de germaine de Mme de Saint-Exupéry, était très liée avec Antoine qui rencontra chez elle, quai Malaquais, beaucoup de personnalités de la N.R.F. et du monde littéraire, dont Gide.

cette poignante douleur... Tiens, ça me fait penser que je lui dois des vers pour son mariage, que je lui ai promis. Je ferai cela au Mans.

Temps idéal, mais dans un ciel trop bleu de petits nuageons trop blancs. C'est un ciel « ritournelle », gravure XIXe, comprenez-vous ma pensée.

Temps idéal, parce que frais aujourd'hui ! oui frais ! et n'était une séance de dentiste d'une heure, mon après-midi eût été charmante.

J'ai avalé 2 glaces chez 2 pâtissiers différents. Décidément les glaces et (comme dit la chanson) le chameau sont les 2 plus belles inventions du créateur.

Je viens de lire des vers au cousin de Trevise qui a été très épatant et m'a donné un tas de conseils aussi intéressants qu'originaux et personnels. C'est un type supérieur, savez-vous ?

Je constate tristement que j'ai un peu mal à la gorge encore. Pourvu que cette maudite fièvre ne revienne pas. Je n'aurais pas dû absorber 2 glaces.

Je vous écris une longue lettre pour vous distraire un peu et que je pense que quand je suis malade j'aime bien recevoir de longues lettres des gens que j'aime. Et je suis si triste de vous sentir malade...

Je voudrais vous faire rire un peu mais je ne vois rien de bien hilarant dans la succession des jours et des nuits ces temps-ci.

[...]

Je viens de regarder autour de moi je suis dans la chambre de débarras de Napoléon — très bonne chambre — où tous les bibelots représentent ce grand homme dans des postures variées à l'infini, et où chaque meuble, si petit soit-il, contient au moins cinquante bibelots.

J'en ai un là, en face de moi, en porcelaine et qui me regarde avec une bienveillante condescendance. Il est un peu trop gras pour un grand homme : un grand homme ne doit pas être gras a priori : il doit être brûlé par une flamme intérieure ; un peu à droite il y en a un sur un cheval, le cheval se cabre et Napoléon vous a un de ses airs guillerets qui succède en général à une perte pour le patrimoine français d'au moins 4 bouteilles de bon vin. Mais Napoléon se nourrissait de gloire et d'eau claire qui ne devaient pas correspondre à ce visage hilare. Cette statue choque mon sens de la réalité historique.

Je vais certainement être halluciné cette nuit par ces mille Napoléons. Le maigre et sec de gauche va maigrir et sécher à ma vue jusqu'à ce que mes cheveux s'en dressent sur ma tête. Le goguenard va venir me tirer l'oreille d'un air fin et faire mille facéties empreintes d'un doux abandon. Si je n'en rêve pas c'est que j'ai un système nerveux solide.

Yvonne était en beauté ce soir. Elle m'a joué un des morceaux que j'aime de Chopin — quel génie ce Chopin ! — et puis j'ai lu des vers (mais je vous l'ai déjà dit).

Je serais si content de lire un jour vos souvenirs de guerre. Occupez-vous de cela, maman chérie. Mais au fait, puisque vous avez un art, la peinture, quel besoin, au lieu de le travailler, de vous épuiser dans des signes qui me semblent infiniment plus cabalistiques que les maths ?

Monot engraisse-t-elle dans les herbes drues de Saint-Maurice ? Et Diche ? Pauvre ange, comme elle doit être heureuse de ce que le fait d'être en famille lui permette de retrouver ces poules, ces chiens, ces lapins et ces cochons dinde — et Monot ses Italiens.

Évidemment la race italienne est supérieure au point de vue des manières mais elle me semble vivre sur un héritage et être incapable de créer. Rien de puissant n'en émane au point de vue artistique ou scientifique.

Je viens de m'apercevoir de ce que j'ai un couvre de lit rose clair. Ça me fait penser à de la pâtisserie et l'eau m'en vient à la bouche. Je suis dans une grande joie d'avoir un couvre-lit rose clair.

Un quatrième Napoléon qui me sourit d'un air sympathique.

Celui d'en face

Imperator rex

93

On vient de m'apporter de l'eau chaude pour ma toilette : quel luxe !

Je ne sais plus bien quoi vous dire. D'ailleurs depuis cinq minutes je bafouille consciencieusement.

Je vous embrasse de tout mon cœur en vous quittant — comme je vous aime.

Votre fils respectueux,

A<small>NTOINE</small>.

Sensationnelle découverte !

Je viens de m'apercevoir de ce que mon Napoléon d'en face était une cruche et était même muni d'une anse en forme de nageoire dorsale. Il perd beaucoup de sa dignité, savez-vous, à être une cruche !

Imperator cruchus rex

———

Tournez
S.V.P.

Je suis maintenant couché. J'ai en face de moi un affreux amour en métal doré qui pleure sur le tombeau de Napoléon.

J'ai sommeil. Je vous quitte sur cette vision artistique d'un amour en métal doré !

27

[Strasbourg, 1921[1]]

Ma chère maman,

J'ai reçu hier votre lettre, poste restante. Écrivez-moi à la caserne, jusqu'à ce que je sois sûr de sortir tous les jours, et alors, écrivez-moi à mon adresse en ville.

Strasbourg est une ville exquise. Tous les caractères de la grande ville, bien plus grande ville que Lyon. J'y ai trouvé une chambre épatante. J'ai la salle de bains et le téléphone de l'appartement à ma disposition. C'est chez un ménage qui loge dans la plus chic rue de Strasbourg, de braves gens qui ne savent pas un mot de français. La chambre est luxueuse, chauffage central, eau chaude, deux lampes électriques, deux armoires et un ascenseur dans l'immeuble, le tout 120 frs par mois.

J'ai vu le commandant de Féligonde qui a été délicieux. Il s'occupera de mon affaire de pilotage. Ce sera difficile à cause d'un tas de circulaires restrictives. En tout cas rien avant deux mois.

Je vous écris de la caserne (de la cantine). Depuis ce matin nous errons sous la tutelle d'un soldat bonasse

1. Après avoir échoué au concours de Navale, et préparé l'École des Beaux-Arts (section architecture) en 1920-1921, Antoine est versé, sur sa demande, le 2 avril 1921, au 2ᵉ Régiment d'aviation à Strasbourg, mais en qualité de « rampant ». Il s'emploiera à se faire admettre dans le personnel volant.

et joufflu de magasin en magasin, étrenner des gamelles et des godasses.

Le Centre est très actif — Spads et Nieuports de chasse y rivalisent d'acrobaties.

Vu Kieffer à qui, une fois les quinze jours ou huit jours d'installation passés, je demanderai des renseignements au sujet des architectes, etc...

Le Centre est à un bon bout de chemin de Strasbourg. Une moto me sera à peu près indispensable si je veux avoir le temps de travailler. Je vous reparlerai de cela. Quand j'aurai celle-ci je visiterai un peu l'Alsace.

Traversé en chemin de fer Mulhouse, Altkirch, Colmar, vu de loin l'Hartmannswillerkopf (le Vieil Armand). Il y a sur son étroit sommet 64 000 hommes d'enterrés.

Des ressources à Strasbourg : d'excellentes troupes d'opéra, paraît-il, me dit le commandant de Féligonde.

Mon opinion sur le métier militaire est qu'il n'y a rigoureusement rien à foutre — du moins dans l'aviation. Apprendre à saluer, jouer au foot-ball et puis s'embêter des heures durant mains dans les poches, cigarette éteinte aux lèvres.

Des camarades non antipathiques. J'ai d'ailleurs des bouquins plein mes poches qui me distrairont si je m'embête trop. Vienne vite le pilotage et je serai parfaitement heureux.

J'ignore quand nous serons habillés. Pas d'effets encore à nous donner. Nous errons en civil, nous avons l'air idiot. Rien à faire d'ici deux heures. À deux heures rien non plus, d'ailleurs, si ce n'est de permuter à la place B celui qui est à la place A et à la place A celui qui est à la place B, et puis on fera le permutage inverse, ce qui permettra de recommencer dans les conditions initiales.

Au revoir, maman chérie. Je suis en somme assez content. Je vous embrasse comme je vous aime.

Votre fils respectueux,

ANTOINE.

28

[Strasbourg, mai 1921]

Ma chère maman,

Figurez-vous que je passe... professeur en attendant de passer élève-pilote. À partir du 26 mai, je suis chargé des cours théoriques sur le moteur à explosion et l'aérodynamique. J'aurai une classe, — un tableau noir et moult élèves ? Après quoi je passe *sûrement* élève-pilote.

Pour le moment — contrairement à de fallacieuses opinions émises par d'autres — je trouve le régiment une chose charmante.

D'abord, nous ne faisons que du sport. Le régiment est, en somme, une grande école de foot-ball. On joue aussi à de petits jeux de collège (balle au chasseur, saute-mouton) avec cette différence que ces exercices sont commandés et que si on joue mal, on couche sur la paille humide des cachots... Autre analogie avec le lycée : « Un Tel, vous me copierez cent fois : quand on fait un rassemblement, on passe à la gauche du chef. »

Ce soir : piqûre antityphique.

J'ai de sympathiques camarades de chambrée. Grande bataille à coups de polochons. J'ai leur sympathie, ce qui est beaucoup, et les coups de polochons, j'en donne plus que je n'en reçois.

J'en reviens à mon professorat... C'est rigolo tout de même ! Vous me voyez professeur !

Je déjeune et dîne à la cantine avec des camarades dont un ou deux sont charmants. Le soir, je sors à six heures, *prends un bain* chez moi et me fais du thé.

J'ai pas mal de bouquins assez chers à acheter pour mes cours. Pourriez-vous m'envoyer de l'argent dès réception de ma lettre ?

D'autre part, pourriez-vous m'envoyer cinq cents francs par mois ? C'est à peu près ce que je dépense.

Notre capitaine est un capitaine de Billy. Le connaissez-vous ? Si oui, faites-moi recommander.

Êtes-vous à Paris ? Vous devriez bien revenir par Strasbourg, ville exquise. Sinon, ce sera pour plus tard, et puis j'aurai bien des permissions, moi, professeur...

Voilà. Je vous quitte.

Je vous embrasse comme je vous aime.

Votre fils respectueux,

ANTOINE.

Envoyez toujours l'argent *à la caserne*. (Les lettres en ville ou à la caserne). 2ᵉ régiment d'aviation S.O.A. Strasbourg Central, Bas-Rhin.

29

[Strasbourg, 1921]

Ma chère Didi[1],

Je te remercie beaucoup de ta lettre qui m'a fait un grand plaisir surtout de savoir que ton chien allait bien, à qui j'ai rêvé cette nuit.

Dorénavant écris-moi chez Monsieur Mayer
12, rue du 22 novembre
Strasbourg (Bas-Rhin).

Il est 6 heures et demie du matin. M'as-tu vu souvent écrire des lettres à cette heure matinale ? On se lève à six heures, on est libre jusqu'à sept, on fait l'exercice jusqu'à 11, on déjeune, on est libre jusqu'à 1 h 1/2. Exercice jusqu'à cinq, libre jusqu'à neuf.

L'exercice est fatigant : pas de gymnastique, mouvements, etc., en plein soleil. Quelquefois cocasse :

« Les ceusses qui savent faire tel exercice, sortez des rangs ! Plus vite que ça... oust ! Hep là-bas... deux jours de consigne. »

Cinq minutes après : « Les ceusses qui savent chanter, sortez des rangs... Bien, vous savez chanter *La Madelon* ? Chantez-la voir à vos camarades... Plus fort, N. de D... Deux jours de consigne pour vous, v'pouvez pas chanter plus fort ?

— Bien, maintenant, on va partir. Au commandement de quatre, tout le monde va chanter. Bon D. de bon D. Allez-vous vous taire par là-bas ?

---

1. Didi est le second surnom de sa sœur Gabrielle.

« À droite, droite, à gauche, gauche ! En avant, marche ! Une, deux ! une, deux ! Chantez tous. Une, deux ! trois ! quatre !... » Et *La Madelon* commence évidemment sur deux cents tons différents puisque celui-ci n'est pas donné...

On nous fait aussi marcher à quatre pattes des heures entières et autres fols batifolages...

Somme toute, rien de plus embêtant que le lycée, au contraire.

Zut ! la sirène... Au revoir ! rassemblement là-bas...

Je t'embrasse,

ANTOINE.
T.S.V.P.

Panique générale. La sirène a sifflé une heure, deux mille soldats sont accourus au bruit : un torchon brûlait dans la cahute du maréchal-ferrant. Deux des deux mille soldats ont craché dessus et ça s'est éteint, et les deux mille moins deux soldats — dont moi — sont repartis.

Je ne tiens presque plus debout de fatigue — non d'avoir éteint le feu — mais de ce sacré exercice. Pas trop d'embêtements. Comme distraction des avions qui s'écrasent sur le sol avec un bruit métallique, et des adjudants qui gueulent.

Dis donc — notre capitaine est un capitaine *de Billy* (je ne sais si ça s'écrit comme ça). Si tu connais ceux de Lyon, demande-leur donc si ce n'est pas un de leurs parents qui commande les S.O.A. au 2e d'Aviation à Strasbourg *et fais-moi recommander.*

Écris-moi ensuite ce qu'il en est.

Ma chambre en ville est très bien. Je prends un bain chaque soir en rentrant de la caserne et me fais ensuite une tasse de thé avant de rentrer.

Le capitaine va me faire appeler ce matin à propos de ma demande d'élève-pilote. J'espère que cela va marcher. Si oui, dans quatre ou cinq mois je viendrai faire des vrilles sur Saint-Maurice-de-Rémens.

Si tu veux être gentille, tu m'enverras de temps en temps des paquets et autres choses à ma chambre en ville. Ça fait toujours plaisir d'en recevoir.

Hier, *par une tempête comme j'en ai rarement vu*, les avions ont volé quand même. Il faut évidemment une formidable maîtrise de son appareil.

Dernière heure.

Figure-toi que je passe professeur... J'enseignerai dans une classe avec tableau noir l'aérodynamique et le moteur à explosion à un tas d'élèves. Après quoi (dans un ou deux mois) je passe *sûrement* élève-pilote.

Je t'embrasse comme je t'aime.

Ton frère qui t'aime,

ANTOINE.

30

[Strasbourg, samedi 1921]

Ma chère maman,

Rien de neuf. Évidemment il y a plus varié que la vie de caserne. Petit à petit vient le cafard. Je saurai dans un mois environ si je pilote ou non. J'ai fait ma demande, etc.

J'ai été long à me remettre de cette ignoble piqûre qui m'a rendu malade comme une brute.

Je suis dans ma chambre pour le moment, où je viens de prendre un bain. Seule heure de répit et si courte, le trajet mangeant tout le temps.

Écrivez-moi souvent. Si vous saviez quel repos que des lettres ! Si je pouvais avoir tous les jours une lettre de Saint-Maurice ! Relayez-vous.

Je n'ai pu aller à Paris. J'y devais chercher des bouquins mais on les fait venir autrement. Tant pis.

Votre mandat ne m'est pas encore parvenu. Est-il égaré ou n'est-il pas encore parti ? Vous me l'annonciez mercredi dernier, il y a quatre jours. Je n'ai plus le sou.

Je suis très malheureux parce que sans allumettes en face de mon réchaud à alcool et que je ne puis me faire de thé.

On demande des volontaires pour le Maroc. Les demandes seront acceptées dans un mois, ou trois semaines. Si je ne pilote pas, je demande. J'aurai au moins Sabran.

Je continue, avec le peu de temps que j'ai, à préparer mes cours prochains qui s'ouvrent le 26 [...].

Plus que dix minutes avant le départ. Il s'agit de n'être pas en retard... C'est la salle de police.

Pour la Pentecôte, j'espère obtenir 48 heures de permission pour Paris. Je dis Paris parce que Saint-Maurice me prend déjà aller et retour trente heures au moins de voyage tandis que j'espère pouvoir aller en *avion* à Paris. Deux heures trente. Y serez-vous pour Biche à ce moment-là ?

Allez à Paris alors ?

Je vous embrasse, en vous quittant, comme je vous aime.

Votre fils respectueux,

ANTOINE.

Didi me promet un paquet ? (une galette aussi dedans...) N'oubliez pas le mandat *ce matin* (À la caserne ; mandat-carte).

31

[Strasbourg, mai 1921]

Ma chère maman,

Je viens de voir le capitaine de Billy qui a été charmant et qui, débordé par tous les préparatifs que l'on fait ici en cas d'alerte, me charge de vous répondre.

Il trouve *bonne* mon idée de brevet civil, mais veut auparavant :

1° Que je passe *demain* la visite et la contre-visite médicales;

2° En parler au commandant pour les renseignements au sujet de la compagnie civile, etc...

J'ai bon espoir que tout aboutira et alors je vous préviendrai.

Je descends d'un Spad-Herbemont, complètement retourné. Mes notions d'espace, de distances, de direction ont sombré là-haut dans la plus pure incohérence. Quand je cherchais le sol, tantôt je regardais au-dessous de moi, tantôt au-dessus, à droite, à gauche. Je me croyais très haut et brusquement j'étais rabattu vers le sol par une vrille verticale. Je me croyais très bas et j'étais aspiré à mille mètres en deux minutes par les 500 chevaux du moteur. Ça dansait, tanguait, roulait... Ah! la la!

Demain, je monte avec le même pilote et à 5 000 mètres d'altitude, bien au-dessus de la mer de nuages. On engage un combat aérien avec un autre appareil piloté par un autre ami. Alors les vrilles, les loopings, les retournements vont m'arracher de l'estomac tous les déjeuners de l'année.

Je ne suis pas encore mitrailleur et c'est grâce aux connaissances que je me suis faites que je monte. Hier, il soufflait un vent de tempête et pleuvait une pluie pointue qui piquait la figure à 280 et 300 kilomètres à l'heure.

Indépendamment du brevet civil, je pense commencer le 9 mon apprentissage de mitrailleur.

Hier, grande revue des appareils de chasse.

Les Spads monoplaces, minuscules et bien astiqués. Alignés tout le long des hangars avec de jolies petites mitrailleuses neuves sous la croupe — car depuis trois jours on monte les mitrailleuses — les Hanriots, des bolides ventrus, et les Spads-Herbemont, les rois actuels, à côté desquels aucun avion n'existe, l'air méchant avec leur profil d'aile pareil à un sourcil froncé...

Vous n'avez pas une idée de ce qu'un Spad-Herbemont a l'air mauvais et cruel. C'est un avion terrible. C'est ça que j'aimerais à piloter avec passion. Ça tient dans l'air comme un requin dans l'eau, et ça y ressemble au requin ! Même corps bizarrement lisse. Même évolution souple et rapide. Ça tient encore l'air, vertical sur les ailes.

Bref, je vis dans un grand enthousiasme, et ce me serait une déception amère que d'être recalé demain à mon examen physique.

Ce tableau d'un art sobre représente le combat aérien de demain.

À voir cet alignement d'avions, à entendre ronfler tous les moteurs que l'on met au point, à respirer cette bonne odeur d'essence, on se dit : « Les boches paieront. »

Au revoir, maman chérie, je vous embrasse de tout mon cœur.

Votre fils respectueux,

ANTOINE.

32

Strasbourg, 1921.

Maman chérie,

Je reçois votre dépêche hier. — Je vous ai écrit comment tout était officiellement arrangé par le capitaine.

Je viens de passer les deux visites médicales et reconnu *bon* pour servir en qualité de pilote.

J'attends l'autorisation militaire qui va me parvenir incessamment. Pouvez-vous partir DEMAIN SOIR au lieu de jeudi pour m'apporter les 1 500 francs dont vous déposerez 1 000 en banque ?

Maman, si vous saviez, — plus ça va — l'irrésistible désir que j'ai de piloter. Si je n'y arrive pas, je serai *très* malheureux, mais j'y arriverai.

Trois solutions :

1° Embrasser un engagement de un an ou plus ;
2° Le Maroc ;
3° Le brevet civil.

J'emploierai une des trois car maintenant que j'ai mon certificat, je piloterai.

Seulement les deux premières ont des inconvénients et, avec le capitaine, nous avons trouvé que la troisième était lumineuse. En possession du brevet civil, je passe *de droit* le brevet militaire sans contracter d'engagement.

Votre dépêche me trouble — c'est évidemment vous dont, en dernier recours, cela dépend à cause des frais civils — à moins d'emprunter, ce que je ne veux pas faire. Il me semble que vous voulez peser contre! Dites, vous ne ferez pas cela? Tout est arrangé, le Commandant est saisi de l'affaire. Après votre lettre, le capitaine aurait-il approuvé si c'était absurde? Dites, maman?

Si cela ne se faisait pas, je contracterais l'engagement; j'aime mieux trois ans ainsi que deux avec cette vie abrutissante.

Mais ce ne serait pas raisonnable puisque j'ai cette proche solution.

Maman, je vous supplie de m'envoyer aujourd'hui un mandat ou de partir demain soir au lieu de vendredi.

Et puis je serais si heureux de vous revoir, dites, maman. Seulement il ne faut pas venir pour me plonger dans tant de regrets. Tout cela est très pressé, savez-vous, et déjà j'ai tant perdu de temps.

J'ai confiance malgré cette dépêche, n'est-ce pas?

Je vous embrasse de tout mon cœur.

Votre fils respectueux,

Antoine.

33

[Strasbourg, mai 1921]

Ma chère maman,

De garde au quartier hier, je n'ai pu répondre à votre dépêche.

Règle générale : je ne puis vous télégraphier que difficilement sans motif sérieux (car alors j'ai recours au vaguemestre) car la caserne n'est pas à Strasbourg et nous sortons souvent trop tard.

J'ai reçu votre lettre et le mandat qui s'était égaré à la caserne, vu qu'on avait estropié mon nom en en signalant l'arrivée. Sans le paquet de Didi je ne l'aurais pas encore (il a permis de rectifier mon nom).

J'ai *réfléchi, interrogé, discuté.* Si je veux faire quelque chose pendant mes deux ans, je n'ai que cette solution. Il me reste, en fin de compte, 1/2 heure de libre par soirée. Comment voulez-vous que éreinté par l'exercice je travaille ? Ou que je m'organise une vie quelconque. J'ai pris *tous* mes arrangements avec la Compagnie Transaérienne de l'Est (civile), signé, etc... Tout est en règle. Je commence *mercredi* mon apprentissage. Il durera trois semaines environ ou un mois. Je vous retrouverai à Paris à ce moment-là. [...]

En se basant sur un apprentissage de cent vols, ce qui est beaucoup (quel que soit le nombre de vols, c'est 2 000 francs).

Je commence *mercredi.* J'y suis absolument décidé, car ça ne me dit rien du tout d'être mitrailleur avec un pilote quelconque et, d'autre part, je veux pouvoir faire quelque chose.

Pouvez-vous m'envoyer (à la caserne) demain dimanche 1 500 francs dont mille pour la caution que je retire après le brevet, ou que vous retirez vous-même, et 500 pour le premier quart de paiement.

J'apprends sur un Farman extrêmement *lent* où on fait installer une double commande pour m'éviter de débuter sur leurs doubles commandes Sop (avions rapides).

Je vous jure qu'il n'y a aucune inquiétude à avoir. D'ici trois semaines je ne quitte pas la double commande et comme autrement je vole presque tous les jours sur les avions militaires — aujourd'hui par exemple — ça n'y change rien.

Vous m'avez dit dans votre lettre de ne prendre une décision que *mûrie*; je vous jure qu'elle l'est. Je n'ai pas une minute à perdre, d'où ma hâte.

Je commence de toute façon mercredi, mais je voudrais bien avoir l'argent mardi pour ne pas me trouver dans une situation embarrassante, gênante, veux-je dire, à l'égard de la compagnie.

Je vous supplie, maman, de ne parler de cela à *personne* et de m'envoyer les fonds. Je vous les rembourserai petit à petit si vous voulez avec ma solde qui les récupérera. D'autant plus que, pilote militaire, j'aurai cent facilités pour le concours d'élèves-officiers. Alors faites cela aujourd'hui, je vous en serai *si reconnaissant*, dites, maman?

Je suis triste par moments le soir. Vous devriez une fois passer par Strasbourg. J'ai un peu d'étouffement dans ce cadre. Pas de perspectives. Je veux une occupation qui me plaise, crainte de tourner au bistro.

110

Venez donc ici une fois. Le voyage vous coûtera 80 francs et vous coucherez dans ma chambre.

Écrivez-moi. Les lettres sont tant[1]. [...] Pardonnez-moi si je n'ai que quelques secondes pour écrire illisiblement !

Ne vous effrayez pas des *grippes* ; il n'y en a pas à Strasbourg.

Je vous embrasse comme je vous aime.

Votre fils respectueux,

ANTOINE.

Pouvez-vous écrire ce matin à M. Marchand de m'envoyer d'*urgence* les 1 500 francs. J'ai pris tous les engagements.

34

[Strasbourg, juin 1921]

Ma petite maman,

Mais je vous ai écrit une lettre de presque dix pages !

Vous ne l'avez donc pas reçue ? Je vous l'ai écrite une nuit de garde — près d'un petit ruisseau — au clair de lune. (J'ai risqué pour l'écrire le Conseil de Guerre... assis la nuit en montant la garde...)

Et moi non plus je ne sais *rien*. Je ne savais même

1. *Sic*.

pas que Monot était à Paris. J'ignore encore ce qu'elle y fait — complètement. J'ai une telle impression de solitude ici.

Et puis par-dessus le marché, Didi malade. Je voudrais tellement des nouvelles. Vraiment tout est triste.

Tout de même, maman, que fait Monot à Paris, où loge-t-elle, etc... Je ne sais *rien*.

Maman, je relis votre lettre. Vous me paraissez si triste et si fatiguée — et puis vous me reprochez mon silence — Maman ! Mais j'ai écrit. Vous me paraissez triste et cela me donne le cafard.

Je vais bien. Rien de spécial. Le régiment ou plutôt la compagnie s'étant à demi mutinée stupidement, les permissions, entre autres choses, sont suspendues. Dès que je le pourrai, je vous arriverai, mais quand ?

Je suis triste à cause de votre lettre qui est comme une brume autour de moi. Sans cela tout va à peu près bien. Je viens d'inventer un compte-tours que va me construire un sous-officier qui est un as de l'horlogerie. On verra ce que cela donne à la pratique.

J'achève les derniers calculs.

Maman, au revoir. Je vous embrasse comme je vous aime, ma petite maman. Écrivez-moi une lettre moins triste.

Je vous embrasse comme je vous aime.

Votre fils respectueux,

ANTOINE.

Pourriez-vous m'envoyer *aujourd'hui* ma pension ? Je vous l'avais demandée dans ma dernière lettre et suis depuis une semaine sans argent aucun.

Je vous avais également demandé de me faire envoyer de Lyon les livres suivants :

1° Un cours *détaillé* d'aérodynamique (en un ou plusieurs volumes) convenant à un ingénieur.

2° Un cours détaillé sur le *moteur* à explosion.

Le plus tôt que vous pourrez, je suis gêné de ne pas les avoir déjà.

Ça ne vous ennuiera pas, dites, maman chérie?

ANTOINE.

(Rue de la Charité, il y a, par exemple, une grosse librairie. Mais je veux un bouquin scientifique.)

35

[Strasbourg, 1921[1]]

Ma chère maman,

Merci beaucoup de votre lettre. Je vous avais accusé réception, mais à Paris — et cela le *jour même*, hôtel de Lyon. Y aviez-vous laissé votre adresse?

Vous avez finalement bien fait de voir tous ces gens... Instinct maternel!

Parallèlement à mes cours civils de pilote, je suis des cours militaires de mitrailleur sur avions Hanriot. Quand j'aurai mon brevet de mitrailleur-observateur, je passerai caporal.

J'ai failli partir pour *Constantinople*. On a demandé

---

1. Antoine est versé le 17 juin 1921 au 37e Régiment d'aviation à Rabat. Il y demeurera jusqu'en janvier 1922, date à laquelle il sera nommé élève-pilote à Istres.

des volontaires pour *demain*. Mais j'ai pensé que comme mécanicien ce ne serait pas le rêve et j'attendrai mon double brevet... Constantinople, et gratuitement! C'est unique. Ce qui m'a aussi freiné, c'est d'apprendre que *peut-être* notre régiment sera transféré à Lyon. Je suis alors à dix minutes de Saint-Maurice en avion.

> *M'sieur l'curé cirez vos bottes*
> *Pour monter en a-vi-on*[1]

Si oui, il peut s'apprêter à danser, le curé. On rira! Sinon, je tâcherai de faire ainsi, aux frais de la princesse, un voyage qui soit un poème.

Je couche ces temps-ci sur la paille humide des cachots. La salle de police est dans une cave. La lune blafarde, et le planton blême, veillent au soupirail. D'étranges types, emprisonnés depuis des semaines, y chantent des chansons bizarres de banlieues et d'usines. Des chansons tellement tristes que l'on croit entendre siffler des sirènes de navires. On s'éclaire avec des bougies que l'on souffle au moindre bruit.

Je n'y passe d'ailleurs que les nuits et les heures de repos. Ce n'est pas du tout embêtant et châtie d'une façon assez douce mon absence d'une minute à la corvée d'épluchage de pommes de terre.

---

1. Allusion au refrain populaire avec lequel Antoine enfant et ses sœurs accueillaient à Saint-Maurice le curé du village :

> *M'sieur l'curé cirez vos bottes*
> *pour venir nous ma-ri-er*
> *Car chez nous l'amour, i'trotte*
> *Comme les rats dans un grenier.*

Depuis la fin des exercices, j'ai changé d'adjudant, de sergent et de caporal. Ceux de maintenant sont des brutes finies qui me font passer des heures nauséabondes, qui gueulent sans répit, pour le plaisir.

Dans quinze jours, je reverrai Strasbourg, la France, ma chambre, les devantures de magasin. Écrivez-moi souvent !

Qu'en est-il de Mimma[1], de Saint-Maurice, de tout ? Je suis finalement bien content que vous ayez vu l'abbé Sudour[2]. J'aimerais que vous vous procuriez mon casier judiciaire pour le lui envoyer — (22, rue Delambre). Je vous remercie de tout mon cœur.

Pierre d'Agay m'envoie l'adresse de quelqu'un à voir. J'irai ma consigne et ma salle de police finies.

Impossible de vous envoyer un télégramme en réponse au vôtre. C'est d'ailleurs déjà impossible quand on sort vu l'heure trop tardive et les bureaux fermés.

Au revoir, maman chérie, je vous quitte et vous embrasse de tout mon cœur comme je vous aime.

Votre fils respectueux,

ANTOINE.

1. Ce surnom désigne sa sœur Marie-Madeleine.
2. Directeur de l'École Bossuet et grand ami d'Antoine.

36

[Strasbourg, juin 1921]

Ma petite maman,

Je voudrais bien que vous veniez lundi parce que je crains bien de n'avoir guère de temps après mon brevet, d'autant plus que c'est de *Strasbourg* qu'il faut que je parte pour Marseille.

Ce que nous pourrions faire c'est, s'il nous reste un jour ou deux, aller les passer à Paris, en avion, et revoir Monot[1]. En attendant, comme j'ai moult temps libre, nous visiterons l'Alsace.

Je voudrais bien faire demain, ou après-demain, mon premier vol seul. Ensuite le brevet viendra vite.

J'ai reçu l'argent et les bouquins. Je vous en remercie, maman. Je m'habille en civil. J'espère ne pas me faire prendre. D'ailleurs je vis cloîtré dans ma chambre où je fume et je bois du thé. Et je rêve aussi beaucoup à vous et me souviens d'un tas de choses de vous quand j'étais gosse. Et cela me navre le cœur de vous avoir si souvent fait de la peine.

Je vous trouve si exquise, si vous saviez, maman, et la plus subtile des « mamans » que je connaisse. Et vous méritez tant d'être heureuse et aussi de n'avoir pas un sale grand garçon qui toute la journée grogne ou tempête. Dites, maman ?

---

1. Antoine avant son embarquement passa à Paris une permission du 5 au 8 juillet.

J'aurais voulu vous consacrer ma soirée et vous écrire longtemps, longtemps. Seulement il fait si chaud que je n'existe pas. Et malgré qu'il soit tard, il n'y a pas d'air à aspirer à la fenêtre. Ça c'est une souffrance. Que vais-je devenir au Maroc ?

Figurez-vous qu'il y avait dans ma chambrée une grande gigue bon enfant natif de Villars-les-Domdes qui, à ses heures de mal du pays chante... *Faust* ou *Madame Butterfly*. Y a-t-il à Villars-les-Dombes un Opéra ?

J'aimais voir phrase du roi : « Madame, il fait grand vent et j'ai tué six loups. » Il y avait aussi grand vent ce matin. Mais j'aime ça, le vent, et — en avion — la lutte, le duel avec la tempête. Mais je ne suis pas un partenaire de taille. Je vole par des matins cléments et suaves, nous atterrissons dans la rosée et mon moniteur au cœur idyllique cueille des pâquerettes pour « Elle ». Puis il s'assied sur l'essieu des roues et goûte du monde une vision tranquille.

J'ai fait, ici, connaissance avec un camarade de fière allure. François Premier ou Don Quichotte assurément. Je n'osais forcer son incognito, mais le tenais en haute estime. Je me sentais petit, petit...

Il m'honora en daignant, chez moi, prendre le thé. Il parla philosophie avec tout le poids de son nez Bourbon. Il émit sur la musique et la poésie des vérités très belles. Il revint trois fois en trois jours, il eut l'indulgence de trouver exquis mon thé, exquises mes cigarettes et je me disais : « Est-ce un grand seigneur ? (Ses gestes étaient lents et sûrs) ou un grand chevalier ? (Il avait des yeux très nobles et très droits). Bref : François Premier ou Don Quichotte ? »

Ça m'intriguait, j'aurais voulu savoir. Mais il m'en

imposait : à califourchon sur sa chaise, il avait tant de dignité.

Puis un jour vint Don Quichotte qui m'exposa longuement ses projets — beaux mais dispendieux. — François Premier suivit qui m'emprunta cent sous...

Ils ne sont jamais plus revenus...

Le *Crépuscule des Dieux*, disait Anatole France !

Maman il fait presque nuit et j'ai chaud...

Je vous embrasse comme je vous aime.

Votre fils respectueux,

ANTOINE.

J'ai reçu les deux mandats. Merci. Et les livres aussi.

37

[Strasbourg, juin 1921]

Maman chérie,

Le Ministère communique :

« Des mesures sont prises en vue de surseoir de quinze jours à l'embarquement du soldat de Saint-Exupéry pour lui permettre d'achever son brevet. »

S'il me reste du temps, je cingle vers Saint-Maurice, mais je n'ose vous le promettre. Avant de caler son hélice à 2 000, il faut un certain acquis, il est toujours saumâtre d'atterrir sur un toit...

Les Montandon[1] furent charmants pour moi. Mon-

1. Famille alliée aux Saint-Exupéry.

118

sieur m'est extrêmement sympathique. J'aime fort ce genre de type. Il pêche à la ligne avec conviction... J'ai failli le suivre dans ses randonnées. Sans lui, je ne touchais encore pas votre chèque. [...].

Les Borel[1], eux, m'ont accueilli avec tant de simplicité et d'affection même — alors qu'ils ne connaissent ni moi ni ma famille directe (tout au plus tante Mad[2]) — que je leur en voue une reconnaissance attendrie.

Ils sont malheureusement partis, Madame et ses « demoiselles ». — Ils auront dans le Midi (Toulouse), une douce chaleur.

Rien de neuf. Promenades quai Kellermann dont l'eau verte semble de plomb de plus en plus, tant il fait chaud. Vrilles et loopings en Herbemont suivis d'inévitables maux de mer (mais je commence à me faire à ces dures acrobaties). — Pilotage genre « père de famille » sur Farman quand pas une feuille ne bouge et que le moteur daigne tourner. Virages prudents et majestueux. Atterrissages pleins de mollesse et d'abandon — ni vrilles ni loopings. — Mais attendez que je le pilote — l'Herbemont — au lieu d'en être l'éternel passager... ah! quel avion!

Quant au Farman, ça gaze à peu près, j'ai l'appareil en main.

Je joue vaguement aux échecs et bois des bocks. Je tourne au bourgeois ventru. Je vous reviendrai un gros Alsacien. J'ai déjà l'accent. J'apprends la langue pour vous être agréable.

À quoi bon chercher dans les musées une émotion artistique quelconque? Avec un doux entêtement je

1. Amis de Pierre d'Agay, futur mari de Gabrielle de Saint-Exupéry.
2. Madeleine de Fonscolombe, sœur de Mme de Saint-Exupéry.

119

m'obstine à juger les choses au point de vue calorifique. — Le Dix-Huitième rose et replet me fait horreur... je me dis : « Comme ils ont tous l'air d'avoir chaud. » Des lithographies de la mer de Glace, seules, m'émeuvent un peu — et la campagne de Russie.

Oh le Maroc...

Je m'ennuie d'ailleurs énormément. Mon partenaire d'échecs devenu idiot par suite de la chaleur gagne faute de voir les pièges que je lui tends : cela me vexe.

Je vous quitte pour aller prendre un bain bienfaisant.

Je viens de recevoir votre mandat. Je passe encore dix-huit jours ici et dois ma chambre de ce mois-ci — que je parte ou que je reste. J'ai quelques blanchissages également.

Partant *comme pilote* pour Rabat, je suis content. Le désert vu d'avion doit être sublime.

Je vous quitte et vous embrasse ainsi que tante Laure[1], les cousines, les sœurs.

Votre fils respectueux,

ANTOINE.

---

1. Vicomtesse Roger de Saint-Exupéry, veuve du frère cadet de son père.

38

Ma chère maman,

J'ai reçu de vous à la fois une lettre du 1er par la poste, une lettre du 7 par avion. Cela ne vous ennuierait-il pas trop de m'écrire toujours ainsi ?

Vous voilà donc à Saint-Maurice. Dieu sait quand je reverrai cette chère vieille bâtisse. J'en ai assez de Casablanca. Si vous croyez que ça nourrit la pensée de voir treize cailloux et dix touffes d'herbes ? C'est bon dans les romans. En réalité, ça abrutit. On pense à rien, rien. Un travail cérébral de deux ou trois heures enfante à peine ces réflexions profondes : « Crois-tu que la soupe va bientôt sonner ? » (Silence de deux heures.) Puis : « J'avais un zinc ce matin à qui il fallait tirer sur la gueule comme une brute pour l'empêcher de piquer. » Ou encore : « On s'embête. » (Silence définitif, lourd de pensées.)

J'ai des camarades pilotes tout à fait quelconques. Ils ne me sont sympathiques que le soir, à dîner. Une immense baraque vide nous sert de réfectoire et de pauvres petites bougies éclairent à grand-peine les visages durs et roux, des images de conquérants ou de bandits dans leur caverne, cela à cause des reflets de la terre qui est sanguine. On dirait un Rembrandt, ma parole.

Pendant la journée, rien n'a de relief à cause d'un soleil stupide sur des choses qui ne le méritent pas. Grande impression de bêtise. Sérénité de la bêtise.

[...] je pense à vous tous. Diche, je l'adore cette gosse exquise. Je voudrais qu'elle m'écrive souvent.

Je partirai vraisemblablement en escadrille pour les opérations d'hiver ou de printemps avec un sergent qui poursuit son entraînement avec moi et fit son premier pansement à Robert de Curel, le frère de l'amie de Monot. Il a déjà, d'ailleurs, cassé un appareil; moi rien.

Il n'y a qu'une chose qui me plaise ici, ce sont les levers de soleil. Ils se développent théâtralement. D'abord, sort de la nuit un décor gigantesque de nuages violets et noirs qui se précise et s'installe sur l'horizon. Puis, de la lumière monte derrière une rampe noire, révélant tout un second plan plein de clartés. Alors monte le soleil. Un soleil rouge, rouge comme je ne l'ai jamais vu. Après quelques minutes d'ascension, il disparaît derrière un plafond chaotique. Il semble avoir traversé une grotte.

J'ai trouvé ici *Le Retour*, et tout en riant à mourir, j'ai revécu notre soirée à l'Athénée. Ma petite maman, comme c'est loin. Vous devriez l'acheter, on rit tout seul très fort et de l'avoir vu jouer aide à l'imagination.

Maman, si vous me donnez l'autorisation pour l'École universelle, j'écrirai moi-même à cause d'un tas de détails à donner. Ce serait le programme d'« ingénieur d'aviation ». Il m'est impossible de faire de l'architecture ni du dessin ici.

Pouvez-vous aussi m'envoyer les trois premiers volumes du cours d'aéronautique de Brauzzi dont vous m'aviez envoyé le quatrième volume?

On me fait voler beaucoup ces temps-ci. J'ai six atterrissages en moyenne par matinée. À partir de huit heures du matin, ça chahute trop, c'est fatigant. Aussi vole-t-on toujours très tôt, à peine l'horizon blanchâtre.

Je vous quitte en vous embrassant de tout mon cœur, comme je vous aime.

Écrivez-moi souvent et qui est à Saint-Maurice et comment va Mimma la douce et les danses nouvelles dansées par Moisi, que j'embrasse un million de fois.

Votre fils respectueux,

ANTOINE.

Pilote au 37ᵉ d'aviation
Casablanca
Maroc   Casablanca en un seul mot, maman !

Je vais chercher pour Mimma des photos de paysages.

39

[Casablanca, 1921]

Ma petite maman,

J'ai reçu toutes sortes de trésors — lettres et lait — tout cela m'a éclairé le cœur.

Dimanche dernier j'ai fait quelques photos avec l'appareil d'un camarade. Je vous envoie la mer et les seuls arbres des environs : grands cactus tristes. Ma silhouette aussi sur un rocher. Les aimez-vous ? Didi ici serait heureuse. Il y a des multitudes d'infâmes cabots jaunâtres. Ils errent dans le bled en file indienne, stupides et méchants.

Sans eux je m'aventurerais près des « douars » de paille et de boue que flanque un pauvre mur éboulé. On y voit le soir des vieillards splendides et des petites femmes rabougries. Ils se détachent en noir du ciel rouge et se décrépitent lentement comme leurs murs. Les cabots jaunâtres hurlent. Des chameaux convaincus broutent des cailloux et d'horribles petits ânes rêvent. Il y aurait de jolies photos à prendre et pourtant cela ne vaut pas les petits villages rouges de l'Ain où il y avait des charrettes de foin, de l'herbe verte et plein de vaches familières.

Premières pluies. Un petit ruisseau vous coule sur le nez quand vous faites la sieste. Le ciel roule, dehors, des banquises de nuages. La baraque ouverte au vent a des plaintes de navire, et comme la pluie a fait de grands lacs autour d'elle, on dirait l'arche de Noé.

Au-dedans, chacun silencieux s'est enseveli sous sa moustiquaire blanche de sorte que l'on se croit dans un pensionnat de jeunes filles. On finit par s'habituer à cette idée, on se sent devenir timide et charmant, quand de solides jurons vous réveillent. On leur répond d'autres jurons sonores et les petites moustiquaires blanches ont des tremblements effarés.

J'ai écrit à l'École Universelle, merci de l'autorisation. Pouvez-vous penser à m'envoyer ma pension pour le premier ? Je compte prendre une permission pour Fez. Ça me distraira.

Au revoir, maman chérie. Je vous embrasse comme je vous aime.

Votre fils respectueux,

Antoine.

40

[Casablanca, 1921]

Ma petite maman,

Je reçois de vous un paquet de chaussettes et un chandail velouté qui rend douce la brise du matin et cléments les 2 000 m d'altitude. Il réchauffe comme l'amour maternel dont il est une émanation.

Je ne sais pas ce qui m'a pris : je dessine toute la journée et de ce fait les heures me paraissent brèves.

J'ai découvert ce pourquoi j'étais fait : le crayon Conté mine de charbon. J'ai acheté des carnets de croquis où j'exprime comme je le peux les faits et les gestes de la journée, le sourire de mes camarades ou l'indiscrétion du chien Black qui fait le beau pour voir ce que je puis bien crayonner.

Black, mon chien, tenez-vous tranquille.

Quand j'aurai rempli mon premier carnet, je vous l'enverrai, mais à la condition — ô maman — que vous me le réexpédiez...

Il a plu. Ah ! mais pour de bon ! Ça faisait un bruit de torrent. L'eau d'ailleurs a immédiatement retrouvé son chemin centenaire dans les fissures de notre toit, elle s'est faufilée à travers les planches que l'Administration se garde pieusement de joindre et notre sommeil s'est peuplé de songes magnifiques parce que l'eau nous coulait dans la bouche comme le vin des pays de cocagne. Décidément votre chandail est exquisément chaud. J'ai grâce à lui une apparence hilare de bien-être et un petit air fat qui enchante.

Hier je fus à Casablanca. J'ai d'abord promené ma solitude dans les rues arabes où elle pèse moins parce qu'on ne peut passer qu'un à la fois.

J'ai marchandé leurs trésors aux Juifs à barbe blanche. Ils vieillissent au milieu de babouches dorées et de ceintures d'argent, assis jambes en croix, encensés par les salamalecs de leurs clients multicolores : quel plus éblouissant destin !

J'ai vu promener un assassin par ces ruelles. On le rouait de coups pour qu'il hurle son crime aux graves marchands juifs et aux petites fatmas voilées. Il avait les épaules démises et le crâne défoncé. C'était très édifiant et très moral. Il était rouge de sang. Autour de lui hurlaient ses bourreaux. Toutes les étoffes dont ils se drapent s'agitaient et chacune criait violemment sa couleur. C'était barbare, c'était splendide. Les petites babouches dorées n'en furent pas émues, non plus que les ceintures d'argent. Il y en avait de si petites qu'elles attendront longtemps leur cendrillon, de si riches qu'elles n'eussent convenu qu'à une fée... Dieu, les jolis petits pieds qu'elle devrait avoir. Alors pendant que la petite babouche me disait son rêve — il faut aux babouches dorées des marches de mosaïque — une inconnue voilée les marchanda et les ravit. Je n'ai aperçu que deux yeux immenses... Je souhaite, ô babouches dorées, qu'elle soit la plus jeune des princesses et vive dans un jardin plein de jets d'eau charmants.

Mais j'ai peur. Je songe que de charmantes petites filles ont bien failli, par la faute d'oncles mesquins, être mariées à un affreux homme bête et laid.

126

Taisez-vous, mon chien Black, vous n'entendez rien à ces choses.

Ma petite maman, asseyez-vous sous un pommier en fleur, puisqu'on nous dit qu'ils fleurissent en France. Et regardez bien pour moi autour de vous. Ça doit être vert et charmant et il y a de l'herbe... Le vert me manque, le vert est une nourriture morale, le vert entretient la douceur des manières et la quiétude de l'âme. Supprimez cette couleur de la vie, vous deviendrez vite sec et mauvais. Les fauves doivent uniquement leur caractère ombrageux à ce qu'ils ne vivent pas à plat ventre dans de la luzerne. Moi, quand je rencontre un arbuste, j'arrache quelques feuilles et les enfouis dans ma poche. Puis dans la chambrée, je les regarde avec amour, je les retourne tout doucement. Cela me fait du bien. Je voudrais revoir votre pays où tout est vert.

Ma petite maman, vous ne savez pas ce qu'a d'attendrissant un simple pré, moins encore ce qu'a de poignant un phonographe.

Oui, il tourne en ce moment-ci, et je vous jure qu'ils font mal tous ces vieux airs. Ils sont trop doux, trop tendres, nous les avions trop entendus là-bas. Ça revient comme une obsession. Les airs gais ont l'ironie cruelle. Ces bribes de musique sont émouvantes. Je ferme les yeux, malgré moi — danse populaire : on voit de vieux bahuts bressans, un parquet ciré... Ou Manon... C'est drôle, quand on entend de ces airs-là, on devient haineux comme le chemineau qui regarde passer les riches. Toute cette musique est une telle évocation de bonheur.

Et puis il y a des airs qui consolent...

Ô mon cher Black, cessez d'aboyer : je n'entends plus.

Vous ne savez pas ce que c'est, maman.

Je vous embrasse, ma petite maman, avec toute ma tendresse. Ma petite maman, écrivez-moi vite et souvent.

Votre fils respectueux,

ANTOINE.

41

[Casablanca, 1921]

Ma petite maman,

Je n'ai rien de vous depuis des temps lointains. Je vous en supplie, écrivez-moi !

Ma petite maman, que devenez-vous là-bas ? Je songe à vous souvent. J'aimerais vos pastels nouveaux, j'en suis sûr. J'imagine vos promenades, le soir, et j'aurais aimé vous accompagner.

J'ai lu quelque chose d'exquis dans la revue hebdomadaire et vous la renvoie, *Ma fille et moi*. Vous aimerez cela.

Maman, cet article m'a navré le cœur. Vous avez tout fait pour nous et je l'ai souvent si mal reconnu. J'ai été égoïste et maladroit. Je n'ai pas du tout été l'appui dont vous aviez besoin. Il me semble que chaque jour un peu j'apprends à vous connaître et à vous aimer mieux. Toujours c'est vrai, la « maman » est le seul vrai refuge des pauvres hommes. Mais pourquoi ne m'écrivez-vous plus ? C'est injuste d'attendre si impatiemment le bateau et ne rien recevoir.

J'ai fait ce matin six atterrissages que j'estime des chefs-d'œuvre... théoriquement, je fais un trajet déterminé mais chaque fois je me hasarde un peu plus loin et fais l'école buissonnière.

Je vais surveiller la construction de deux villas qui le matin sont roses au lever du soleil. Cent mètres de haut à peine. Je fais aussi de beaux virages sur une maison toute bleue, son jardin et son puits. On dirait un petit oasis. J'attends les sultanes de mille et une nuits qui viendront puiser la belle eau verte, mais à cette heure-là tout dort...

Alors, un rêve en tête, je prends de la hauteur pour être seul. Devant moi la mer berce de longs bateaux et se mêle à l'horizon avec la brume. Un virage ; Casablanca : de petits cailloux blancs semés sur la terre rouge. Joujou de poupée que cette ville. Un virage : le terrain d'aviation et ses baraques, minuscules et charmantes... Je coupe, je pique. Longue descente qui fait siffler les cordages et les haubans... J'atterris. Déception cruelle : un horrible bagne. Cinq minutes d'entracte et je remets « plein gaz » à mon bon vieux moteur, et je repars.

[...] Je vais tout à fait bien au point de vue santé. Je voudrais seulement de vos lettres souvent ! Elles mettent par avion cinq ou six jours de moins. Écrivez-moi toujours ainsi, ce n'est pas long d'écrire « de Toulouse, par avion » et de coller un timbre de 1 franc !

Je vous embrasse successivement tous et Moisi[1].

---

1. Vieille gouvernante d'Antoine, qu'il a évoquée dans *Terre des hommes* sous le nom de « la fileuse de laine ».

Envoyez-moi des photos, envoyez-moi des lettres, envoyez-moi n'importe quoi, mais envoyez-moi quelque chose !

Je vous embrasse de tout mon cœur.

Votre fils respectueux,

ANTOINE.

42

[Casablanca, 1921]

Ma petite maman,

Comment pouvez-vous me laisser si longtemps sans nouvelles, vous qui savez si bien quelle torture c'est.

Je n'ai pas *une* lettre depuis quinze jours ! Maman !

Je passe mon temps à m'imaginer des choses sinistres et suis malheureux. Maman, la lettre est tout ! Ni Didi, ni personne ne m'écrit plus. Ici où j'ai plus de temps de penser à vous, je souffre plus de cette solitude.

Je n'ai plus un centime. J'ai dû passer huit jours à Rabat pour les examens d'E.O.R. Je ne tiens pas à être reçu. La vie d'escadrille est une vie qui m'enchantera. Je ne tiens pas à m'abrutir un an dans une école sinistre de théorie militaire. Je n'ai pas l'âme d'un adjudant. Je conçois mal ce travail mécanique et insipide.

N'avoir connu que Casablanca me désolerait, ce ne serait pas la peine d'être venu au Maroc. Si je suis reçu, je pense démissionner. Je recommence à travailler architecture, etc., en école ce serait fini.

Mais, je tâcherai d'avoir une permission d'un mois, car j'ai soif de vous revoir tous — et combien !

Ces huit jours à Rabat furent enchanteurs. J'y ai retrouvé naturellement Sabran et un camarade de Saint-Louis. Enfin j'ai fait connaissance de deux jeunes gens délicieux venus aussi passer les E.O.R., fils de médecins, lettrés et fort bien élevés, et d'un capitaine qui habita Lyon jadis et nous invita tous les cinq à dîner : Sabran, le camarade de Saint-Louis, les deux jeunes gens et moi. Homme charmant s'il en fut. Un vrai camarade et avec cela musicien, artiste... Il possède une petite maison blanche parmi les maisons blanches de Rabat. On croit se promener au pôle dans la neige, tant cette partie de la ville arabe est ouatée au clair de lune. Quelle exquise soirée !

Rabat en ce moment était la chose la plus exquise du monde. J'ai commencé à comprendre là-bas le Maroc. Interminables promenades dans les rues populaires grouillantes de lumière — oh, si je savais faire des aquarelles, que de couleur, que de couleur, c'en est féerique si l'on sait regarder. — Promenades interminables dans les rues riches : seules sur l'étroit passage s'ouvrent de lourdes portes mystérieuses. Pas de fenêtres... de temps en temps, une fontaine et de petits ânes qui boivent.

Depuis mon retour, je ne m'ennuie pas : je fais mes premiers voyages aériens. Trois cents kilomètres ce matin : Ber-Rechid-Rabat-Casablanca. J'ai donc revu de haut ma ville bien-aimée... Elle est merveilleusement blanche et paisible. Ber-Rechid est une affreuse bourgade un peu vers le sud.

131

Demain matin trois cents kilomètres encore. Les après-midi se passent à dormir, vu la fatigue.

Après-demain, grand voyage vers le sud. Je vais à Kasbah-Tadla. Pour y aller, presque trois heures de pilotage (ça en représente des kilomètres), autant évidemment pour revenir. Quelle solitude cela va être... J'attends avec impatience.

Ce soir, à la lumière paisible d'une lampe, j'ai appris à me diriger à la boussole. Sur la table, les cartes dépliées, le sergent Boileau explique :... « Arrivé ici (et nos fronts studieux se penchent sur les lignes enchevêtrées) vous marchez à 45° ouest... Là, un village, vous le laissez à votre gauche, n'oubliez pas de corriger la dérive du vent avec l'index mobile, sur la boussole... » Je rêve... Il me réveille : « Faites donc plus attention... maintenant 180° ouest à moins que vous ne préfériez couper par ici... mais il y a moins de points de repère, tenez, cette route-là se voit bien... »

Le sergent Boileau m'offre du thé. Je bois la tasse par petits coups. Je songe que si je me perds, j'atterris chez les dissidents. Combien de fois ai-je entendu dire ceci : « Si en sautant de ton zinc, tu te trouves devant une femme et que tu l'embrasses sur la poitrine, alors tu es sacré, elle se considère comme ta mère, on te donne des bœufs, un chameau et on te marie. C'est la seule façon de sauver sa vie. »

Mon voyage est encore trop simple pour que j'espère de tels imprévus. N'empêche, je rêve ce soir. Je voudrais faire partie de longues missions dans le désert...

Comme je voudrais vous emmener en avion.

Je vous quitte, maman chérie. *Écrivez-moi de grâce.* Pouvez-vous aussi m'envoyer un mandat télégraphique si possible de 500 francs pour ce mois-ci seulement à *cause des déplacements*. Mes derniers sous passent dans le timbre. J'emprunterai pour demain et après-demain quelques sous si je les trouve.

Je vous embrasse aussi tendrement que quand j'étais un petit garçon de rien du tout qui traînait une petite chaise verte..., maman !

Dernière heure. Je viens de revenir de mon voyage à Kasbah-Tadla. Pas une ratée de moteur, pas un accroc. Il m'a enchanté, je vous écrirai cela en détail.

ANTOINE.

43

[Rabat, 1921]

Ma petite maman,

Je vous écris d'un adorable petit salon maure, enfoui dans de gros coussins, une tasse de thé en face de moi et une cigarette aux lèvres. Sabran joue du piano — Debussy ou Ravel — et d'autres amis font un bridge...

C'est que nous avons fait la connaissance du plus exquis des hommes : le capitaine Priou, de Rabat. Dégoûté de ses confrères, presque tous anciens sous-officiers rengagés, il a su s'entourer d'un groupe d'amis délicieux : Sabran, un ancien camarade de Saint-Louis qui prépara Navale avec moi, et deux autres jeunes gens. Sur six, trois musiciens virtuoses,

Sabran, lui et « Pannier ». On fait de la musique éper-
dument. Je ne joue pas mais écoute, et pour cela
m'enfouis un peu plus dans les coussins.

Sa maison nous est ouverte avec tant de bonne grâce
que nous en abusons. Sabran et moi arrivons de Casablanca pour 48 heures. Les dîners sont gais, je vous le
jure, parce que nous avons tous... beaucoup d'esprit
(mais oui). On se couche à des heures indues, trois ou
quatre heures du matin, tant le poker de chaque soir
est passionnant, et la musique. On joue des jeux ébou-
riffants, on perd jusqu'à seize sous en une nuit. Nous y
trouvons, tant notre caractère est heureusement fait, le
même plaisir qu'à jouer avec des louis d'or, et celui qui
se retire du jeu avec un gain énorme de vingt sous
prend l'air fat qu'il convient de prendre.

Maintenant que Sabran est à Casablanca et que
chaque samedi nous partons pour Rabat, dont nous
rentrons le lundi soir, la vie s'écoule facile et douce
dans ce pays fleuri. Car le Maroc, l'affreux bled, s'est
d'abord habillé d'un vert tout neuf et de longues prai-
ries chatoyantes ; maintenant il se revêt de fleurs
rouges et jaunes et l'une après l'autre les plaines
s'éclairent.

Il fait une chaleur égale qui favorise la quiétude de
l'âme. Rabat qui est ma ville bien-aimée est silen-
cieuse aujourd'hui.

La maison du capitaine, perdue dans le labyrinthe
blanc des maisons arabes, est adossée à la mosquée
des Oudaïas. Le minaret surplombe sa cour intérieure
à ciel ouvert et le soir quand on va du salon à la salle à
manger et qu'on lève la tête vers les étoiles, on entend
chanter le muezzin et on le voit comme du fond d'un
puits.

Au revoir, maman aimée. D'ici un mois je vous aurai certainement embrassée. En attendant, je vous embrasse aussi tendrement que je vous aime.

Avez-vous reçu ma longue lettre de la semaine dernière ?

Envoyez ma pension S.V.P. aujourd'hui.

Votre fils respectueux,

ANTOINE.

44

Casablanca [1921]

Maman chérie,

Comment allez-vous dans votre Divonne lointaine ?

Moi, ça va à peu près. Je vole beaucoup ces temps-ci, presque une heure de moyenne par jour.

Vos lettres sont la seule attente de journées vides. Je n'ai guère de courage pour rien. Toujours cette angoisse de ne savoir vers quoi me tourner, l'architecture c'est si long, si long et je ne crois guère en moi.

Parlerais-je ? Vers, dessins, tout ça dort au fond de ma cantine, qu'est-ce que ça valait, pas grand-chose. Je ne crois pas en moi.

Pays de malheur. Pas un ami. Pas un être avec qui parler. Je n'ai pas échangé dix mots des conversations que j'aimais. Et encore, ce pot avec Sabran la seule fois que j'allai à Rabat. [...]

J'avais bien espéré aller à Fez du temps que les Brault[1] y étaient. Maintenant, ce serait fou.

Quant aux triangles en avion, ça ne compte pas : on atterrit dix minutes à Ber-Rechid, Rabat ou autres lieux, le temps de faire signer ses papiers, souffler un peu et prendre de l'essence. Puis on remonte solitaire dans la carlingue pour se battre avec les remous.

Prochainement, je partirai.

Ma petite maman, si vous me voyiez le matin, emmitouflé comme un esquimau et pesant comme un pachyderme, vous ririez...

J'ai un passe-montagne qui ne s'ouvre que sur les yeux — genre cagoule — et encore, sur lesdits yeux, j'ai des lunettes...

Un large foulard autour du cou (foulard de l'oncle), votre jersey blanc et sur le tout une combinaison fourrée. Des gants énormes et deux paires de chaussettes dans mes vastes chaussures.

---

1. Sa cousine germaine Jeanne Churchill et son époux le général Brault.

vorrée. — Des gants énormes
et deux paires de chaussettes
dans mes vastes chaussures

coté
figure →

45

Casablanca [1921]

Ma petite maman,

Vous êtes une adorable maman. J'ai eu un plaisir de gosse à ouvrir le paquet. J'en ai sorti des trésors...

Seulement les journaux nous disent qu'il fait froid là-bas! Comment vivez-vous? Ici, un temps clément. Il ne pleut pas et le soleil luit doucement.

Je vous avais envoyé pour Noël des photos de moi et des croquis, mais jamais vous ne m'en avez parlé, maman. Tout cela s'est-il perdu? Je vous en supplie, dites-le-moi! Et aussi, comment sont mes croquis!

J'ai dessiné hier un chien d'après nature qui n'est pas mal, je l'ai découpé et collé. Comment est-il?

Ces temps-ci, des vols épatants. Ce matin surtout. Mais plus de voyages.

Il y a quinze jours, j'ai été à Kasbah Tadla qui est la frontière. À l'aller tout seul dans mon zinc, j'ai pleuré de froid, pleuré! J'étais très haut à cause des hauteurs à passer et malgré ma combinaison fourrée, mes gants fourrés, etc., j'aurais atterri n'importe où si ça avait dû durer longtemps encore. À un certain moment j'ai mis vingt minutes pour mettre ma main dans ma poche et en sortir ma carte que je croyais savoir suffisamment et avais négligé d'installer dans le zinc. Je me mordais les doigts tellement ils me faisaient mal. Et mes pieds...

Je n'avais plus aucun réflexe et mon zinc s'embarquait dans tous les sens. J'étais une pauvre chose misérable et lointaine.

Le retour, après un déjeuner somptueux, fut au contraire merveilleux. Réchauffé et remonté, dédaigneux des points de repaire, routes et villes, je suis parti tout droit, comme un jeune dieu, à la boussole. J'avais mis 2 h 40 pour aller, un peu moins pour revenir. Les remous violents me trouvaient d'airain et quand, de loin, j'ai découvert Casablanca, j'ai eu l'orgueil des croisés quand ils virent Jérusalem. Le temps était merveilleux : j'ai aperçu Casablanca à quatre-vingts kilomètres de distance! (de Saint-Maurice à Bellegarde).

Que vous a dit Brault de mes écoles?

Je vous arriverai probablement dans le courant de février, même si je suis recalé ou si je démissionne, car dans ce cas j'irai faire un ou deux mois de Nieuport à

Istres, près de Marseille, et dès mon débarquement partirai en permission de vingt jours ou de un mois.

Vous tuerez le veau gras...

Au revoir ma petite maman, je vous embrasse, écrivez-moi.

Votre fils respectueux,

ANTOINE.

46

Compagnie de Navigation Paquet.
[Janvier 1922]

Ma chère maman,

Tanger s'est évanoui, hier, dans le lointain. Adieu, Maroc. Nous longeons les côtes d'Espagne et, quand une petite ville blanche s'y devine sous le soleil, mon voisin, sur sa chaise longue, nous émerveille de son nom sonore.

La mer est clémente à mon estomac. Pas un nuage, pas une vague. Le menu est assez bon, les distractions rares. Personne ne joue aux échecs et j'ai épuisé tous mes livres. Je suis venu m'installer dans la salle à manger. Je contemple d'un œil bienveillant les garçons qui mettent le couvert. Que voilà une vertueuse occupation. Malheureusement le dîner s'achève pendant le coucher du soleil et cela me gâtera le dessert.

Didi m'écrit qu'elle rentre avec moi à Saint-Maurice. Le voyage sera charmant. Je lui dirai : « Chère amie, comment allez-vous ? » et elle se rengorgera devant les autres voyageurs.

Je vous écris maintenant car vraisemblablement ma journée à Marseille se passera en stupides corvées, comme une visite médicale je ne sais où et des formalités bureaucratiques autre part encore. Ça ne me donnera pas une seconde et si Didi vient m'attendre au bateau comme elle en manifesta le pieux désir je crains bien qu'elle n'ait de moi qu'un baiser hâtif. Elle en sera quitte pour retourner danser à Saint-Raphaël (Var) jusqu'à ce que de mon côté je puisse quitter Istres.

Dites, maman, il fait si chaud au Maroc en ce moment-ci que j'ai bien peur d'une double bronchite à Saint-Maurice, faites chauffer ma chambre, ce serait si bête d'être malade ! Vous avancerez bien un peu votre voyage à Paris afin de m'y emmener, dites, maman ? Si vous saviez comme j'ai la nostalgie de ses pierres grises, de ses jardins symétriques et de ses expositions !

Je ne puis me plaindre du Maroc, il me fut doux. J'ai passé des jours de cafard sinistre au fond d'une baraque pourrie mais je m'en souviens maintenant comme d'une vie pleine de poésie. Et puis il y a eu de bons moments et nos rares mais exquises réunions de Rabat marqueront dans mon souvenir.

Quels amis amener ? Vous ne voudriez tout de même pas que j'en arrache du Maroc pour leur faire passer huit jours au home ? Alors vous parlez d'amis de France mais Sallès, Bonnevie travaillent !

Le bateau a d'inquiétantes oscillations. Je sens que le merlan frit du déjeuner se réveille dans mon estomac et y frétille doucement. Pourtant le ciel est pur. Faites mon Dieu que ces petites vagues disparaissent.

141

Au revoir, ma chère maman, ouvrez les portes de la maison et tuez le veau gras. Jetez à Monsieur le Curé un défi de ma part aux échecs, dites à Mimma et à Moisi combien je les embrasse toutes deux *et suppliez Monot de ne pas dire à Régine[1] mon arrivée afin que Louis ait la surprise de mon irruption, un soir, dans sa chambre.*

ANTOINE.

47

[Camp d'Avord, 1922[2]]

Ma petite maman,

Je viens de relire votre lettre de l'autre jour si pleine de tendresse. Ma petite maman, comme je voudrais être auprès de vous ! Si vous saviez comme chaque jour j'apprends un peu plus à vous aimer. Je n'ai pas écrit ces derniers jours, mais nous avons tant de travail en ce moment !

Il fait bon et doux ce soir, mais je suis triste, je ne sais pas pourquoi. Ce stage d'Avord est si fatigant à la longue. J'ai grand besoin d'une cure de repos à Saint-Maurice et de votre présence auprès de moi.

Que faites-vous, maman ? Peignez-vous ? Vous ne

1. Régine de Bonnevie, sœur de Louis de Bonnevie.
2. En 1922, Antoine fait des déplacements successifs d'Avord (Cher) au camp de Mailly (Aube), puis à Versailles. Il est nommé sous-lieutenant en octobre.

m'avez rien dit de votre exposition ni rien non plus de l'appréciation de Lépine.

Écrivez-moi. Vos lettres me font du bien, c'est de la fraîcheur qui m'arrive. Ma petite maman, comment faites-vous pour trouver les choses si délicieuses que vous dites? On en reste ému toute la journée.

J'ai autant besoin de vous que lorsque j'étais tout petit. Les adjudants, la discipline militaire, les cours de tactique, que de choses sèches et revêches. Je vous imagine arrangeant des fleurs dans le salon et je les prends en haine, les adjudants.

Demain en avion je vais faire au moins cinquante kilomètres dans la direction de chez vous pour m'imaginer que j'y vais.

Comment ai-je pu vous faire pleurer quelquefois? Quand j'y pense je suis si malheureux. Je vous ai fait douter de ma tendresse. Et pourtant si vous la saviez, maman.

Vous êtes ce qu'il y a de meilleur dans ma vie. J'ai ce soir le mal du pays comme un gosse! Dire que là-bas vous marchez et parlez et que nous pourrions être ensemble, et que je ne profite pas de votre tendresse et que je ne suis pas non plus pour vous un appui.

C'est vrai que je suis triste à pleurer ce soir. C'est vrai que vous êtes la seule consolation quand on est triste. Quand j'étais gosse je revenais avec mon gros cartable sur le dos, en sanglotant d'avoir été puni, vous vous rappelez au Mans — et rien qu'en embrassant vous faisiez tout oublier. Vous étiez un appui tout-puissant contre les surveillants et les pères préfets. On se sentait en sécurité dans votre maison, on était en sécurité dans votre maison, on n'était rien qu'à vous, c'était bon.

143

Eh bien, maintenant c'est la même chose, c'est vous qui êtes le refuge, c'est vous qui savez tout, qui faites tout oublier et qu'on le veuille ou non, on se sent un tout petit garçon.

Maman, je vous quitte. J'ai du travail par-dessus la tête. Je vais respirer une dernière brise d'air par la fenêtre. Il y a des crapauds qui chantent comme à Saint-Maurice, mais comme ils chantent moins bien !

Je vous embrasse si tendrement.

Votre grand fils,

ANTOINE.

48

Avord [1922]

Ma chère maman,

Avez-vous enfin reçu ma lettre avec les gravures dedans ? Je vous en renvoie une. Votre avis ?

Je suis très heureux de mon sort. Les cours sont tout ce qu'il y a d'intéressant, ce que je n'osais espérer, et fort bien faits.

Je vole à peu près quatre fois par semaine. Deux fois comme pilote, deux fois comme observateur. J'apprends un tas d'astuces photographiques, topographiques, TSFistes.

Mais ce qui me réjouit, comme je vous l'ai dit, c'est que me voilà à peu près tiré d'affaire.

Comment vont vos filles ? Mimma est-elle en

Suisse? Je ne sais rigoureusement rien. Didi est-elle rentrée à Saint-Maurice? Quand Monot passe-t-elle son examen?

Il fait un temps charmant, mais un peu chaud. Quand nous faisons, l'après-midi, des relevés photographiques sur le terrain, nous fondons en douces rigoles. Seuls les vols nous rafraîchissent.

Nous avons beaucoup de travail et même s'il était moins intéressant qu'il ne l'est, ce serait rudement utile pour empêcher de se rouiller.

Moisi a-t-elle reçu ma lettre au sujet des bouquins? Je voudrais bien qu'elle s'en occupe : je vais commencer bientôt à préparer mon examen d'entrée à l'École Supérieure d'Aéronautique. Comme je vous l'ai dit, je suivrai les cours en sous-lieutenant. J'aurai presque — avec ma prime de vol — mille francs par mois.

Alors je me marierai, j'aurai un petit appartement, une cuisinière et une femme délicieuse.

Maman, le tailleur qui est un homme dur et âpre au gain me réclame son argent, non à grands cris, mais par petites insinuations torves. Pouvez-vous m'envoyer aujourd'hui 200 francs par mandat télégraphique.

Je vous écris de ma petite chambre. Il y règne un désordre intime et réchauffant. Mes bouquins, mon réchaud, mon jeu d'échec, mon encre et ma brosse à dents se pressent autour de moi sur la table.

J'embrasse mon royaume d'un vaste coup d'œil et mes sujets ne se dérobent pas lâchement au fond des tiroirs.

Voulez-vous une barre de chocolat? Attendez, il y en a une par là, entre ma boîte de compas et ma bouteille d'alcool à brûler...

Voulez-vous un stylo? Cherchez par là-bas dans une cuvette. J'ai dû l'y mettre à nettoyer.

J'ai envie, les dimanches où je ne vais pas à Paris, c'est-à-dire 3 sur 4 (je n'y suis pas encore allé depuis Pâques), d'aller faire du cheval à Bourges dans un manège. Quelques-uns de mes camarades délibèrent entre eux à ce sujet.

Au revoir maman, ne m'en veuillez pas de mon silence involontaire.

J'entends ronfler un moteur d'avion. Quelle douce musique...

Paris [1922]

Maman,

C'est donc vous qui n'aviez pas reçu ma lettre.
J'attendais ainsi en vain votre réponse. Ma petite
maman pardonnez-moi.

Didi est illuminée de bonheur. Êtes-vous contente
vous aussi, ma petite maman[1] ? Tante de Fontenailles
a été un amour [...]

J'ai goûté cet après-midi chez une Américaine,
grande amie de tante Anaïs, « Miss Robertson ». Il y
avait trois jeunes filles adorables et de petits gâteaux
secs exquis. J'étais partagé par des sympathies contra-
dictoires. Elles répondent toutes les trois à la fois, elles
aiment toutes les trois la même pièce et le même
opéra, elles prennent la même quantité de sucre dans
leur thé et on a autant envie de les embrasser l'une
que l'autre.

Elles sont parties toutes les trois ensemble à cinq
heures dix et j'en fus trois fois triste.

Je vole au Bourget et à Villacoublay aussi où je suis
détaché par le ministère pour faire de l'acrobatie. Je
pilote le Nieuport 29 qui est l'avion le plus rapide des
temps modernes, un petit bolide rageur.

J'ai baptisé pas mal de mes amis au Bourget :
Ségogne, S..., etc. Ils ont passé par toutes les couleurs
et j'en rigolais doucement dans ma carlingue.

1. Sa sœur Gabrielle vient de se fiancer avec Pierre d'Agay.

Je lis un peu. Je viens d'achever *Les Thibault* de Roger Martin du Gard. On dirait du Romain Rolland, mais c'est moins fort que *Jean Christophe*.

Je m'aperçois que je ne pense pas à ce que j'écris mais à mes trois Américaines.

Elles connaissent de Paris la Comédie-Française et l'Arc de Triomphe. C'en est délicieux. Elles n'ont jamais été au cinéma, c'est admirable. Leurs yeux doivent se fermer tout seuls quand elles penchent la tête, comme ceux des poupées de porcelaine, et je suis sûr de les reconnaître au rayon de jouets du Louvre. Elles aiment la danse « parce que c'est bien amusant » et la musique « parce que c'est si joli ». Elles n'aiment pas la tour Eiffel mais si on leur affirme que c'est beau elles s'exclament toutes les trois : « Ah oui... c'est vrai. »

L'une était en rouge, l'autre en vert, l'autre en bleu, l'une blonde, l'une brune, l'une châtain, elles étaient assorties comme vos trois petits mouchoirs et je n'aurais pas su choisir.

Ma petite maman, trouvez-m'en une comme cela, je n'ai pas du tout besoin qu'elle me fasse des théories littéraires et idéalistes, N... m'ennuie beaucoup...

J'ai dîné hier chez les Jourdan avec vos filles. Je vous quitte, je vous embrasse comme je vous aime.

ANTOINE.

[Paris, 1923]

Ma petite maman,

Comment allez-vous? Je ne vous ai pas écrit ces temps-ci parce que j'attends de jour en jour une décision au sujet de ma situation et que je ne sais rien encore. Je pense quand même vous arriver jeudi ou vendredi.

J'ai écrit à Didi une lettre très longue à la fin d'une lettre de L.

Il est possible que j'ai un conte publié par la *Nouvelle Revue Française*.

J'ai écrit deux ou trois choses ces temps-ci qui sont assez bien.

Le pauvre général Vidal est assez malade. Je viens de lui téléphoner ce soir.

J'ai vu Yvonne plusieurs fois. J'ai vu Sudour une fois et les Jacques hier.

Il ne se passe absolument rien de neuf dans mon existence car mes journées se passent avec L., paisibles et douces.

Je voudrais tout de même bien vous revoir. Quand arrive le fiancé de Didi?

Je loge chez les Churchill, 7, rue de Verneuil. Peut-être ai-je des lettres chez moi? J'ai rendu ma chambre avant-hier.

Au revoir ma petite maman. Je vous embrasse de tout mon cœur comme je vous aime.

Votre fils respectueux,

Antoine.

[Paris] 22, rue Vivienne [octobre 1923]

Ma petite maman,

J'ai tant de travail et un travail si bête que je ne vous ai pas écrit. J'ai des remords. Me voici sous la petite lampe que vous m'avez donnée, que j'aime et qui me verse une lumière douce. Je suis tellement triste de vous sentir souffrante.

Allez-vous mieux ? Ma pauvre petite maman, j'étais si fier de vous voir à Saint-Maurice, vous avez tout si délicieusement arrangé, vous avez tellement bien bâti le bonheur de vos deux gosses. Je vous ai tellement aimée, sans savoir vous le dire. Mes pauvres soucis m'ont si renfermé ces derniers temps. Je sais bien que je devrais avoir toute confiance en vous et vous dire mes peines pour que vous me consoliez comme quand j'étais gosse et que je vous récitais tous mes malheurs. Je sais que vous aimez tant votre grand diable de fils. Il ne faut pas trop m'en vouloir d'avoir été aigri, j'ai passé de mauvaises journées. Maintenant j'ai pris le dessus. Je suis un courageux bonhomme. Si vous venez à Paris, j'essaierai d'être le plus doux fils possible. Vous vous installerez dans ma chambre, vous y serez mieux qu'à l'hôtel, et je viendrai le soir vous prendre et nous dînerons en tête à tête et je vous raconterai des histoires drôles que j'ai apprises pour vous et vous serez un peu contente. Et puis c'est vous qui ferez mon bonheur. Je ne sais pourquoi j'étais buté à m'en occuper seul. Ce n'est que vous qui arrangerez tout. J'abdique entre vos mains, c'est vous qui parlerez aux puissances supérieures et tout ira. Je suis comme un tout petit gosse maintenant, je me réfugie près de vous. Je me rappelle quand vous alliez voir le père Préfet, que vous faisiez lever mes colles, vous irez voir le père Préfet... Ma petite maman vous êtes beaucoup de choses. [...].

Ma petite maman, avez-vous été contente de moi à Saint-Maurice, ai-je bien rempli mon rôle de frère ?... J'étais un peu ému. Et j'étais si ému pour vous aussi... C'était le couronnement de votre œuvre. Vous avez fait beaucoup de bonheur[1].

Mon adorable maman, pardonnez-moi toutes les peines que je vous ai faites.

Je vous emmènerai voir une « pièce » d'une force extraordinaire. J'en reviens ce soir invité par Yvonne : *La Maison avant tout*, de Pierre Hamp. Vous l'aimerez.

Bonsoir, ma petite maman. Bénissez-moi. Aimez-moi bien.

ANTOINE.

1. Allusion au mariage de Gabrielle de Saint-Exupéry avec Pierre d'Agay, le 11 octobre 1923.

52

12, rue Petit [Paris, 1924]

Ma petite maman,

Merci infiniment de votre mandat. Ma situation est si, si mauvaise, ayant eu à déménager, d'où étrennes multiples à la femme de ménage, la concierge, etc..., transport de mes livres, malles, cantine et par-dessus le marché trois cents francs de dentiste, celui-ci n'ayant pas voulu me faire crédit. — Mon embarras est sombre. Ça me sera tellement difficile d'aller voir Diche.

J'ai un débouché ouvert : le journalisme. Mais n'ai pas une seconde pour faire des enquêtes, hélas... et le type que je connais ne peut me faire passer d'articles que dans la rubrique *Information* au *Matin*.

Peut-être partirai-je en Chine au printemps ou cet hiver car on y demande des pilotes et que j'y pourrais peut-être diriger une école d'aviation. Ce serait une situation pécuniaire *magnifique*. Je fais tout ce que je puis en ce moment.

Mon bureau est de plus en plus mélancolique et mon cafard persiste sournoisement. C'est aussi pourquoi j'aimerais voyager.

Tante Anaïs doit être à Saint-Maurice, c'est un amour. Quand pensez-vous, ma petite maman, y rentrer ? J'aimerais vous y revoir et y passer de douces journées. Si je partais pour la Chine, j'aurais peut-être bien un mois de liberté ?

Il fait un triste temps. J'ai pu cependant piloter à Orly dimanche. J'ai fait un bien beau vol. Maman, j'adore ce métier. Vous ne pouvez imaginer ce calme, cette solitude que l'on trouve à quatre mille mètres en tête à tête avec son moteur. Et puis cette camaraderie charmante en bas, sur le terrain. On dort couché dans l'herbe en attendant son tour. On suit des yeux le camarade dont on attend l'avion et l'on raconte des histoires. Elles sont toutes merveilleuses. Ce sont des pannes en campagne près de petits patelins inconnus où le maire ému et patriote invite à dîner les aviateurs... et des aventures de contes de fées. Elles sont presque toutes inventées sur place mais tout le monde s'émerveille et quand on décolle à son tour, on est romanesque et plein d'espérance. Mais il n'arrive rien... et l'on s'en console à l'atterrissage par un porto, ou en racontant : « Mon moteur chauffait, mon vieux, j'ai eu peur... » Il chauffait si peu ce pauvre moteur... La moitié de mon roman, maman, est faite. Je crois vraiment qu'il est neuf et concis. Il donne le vertige à Sabran. Je fais faire à Sabran des progrès énormes.

La vie avec Priou est adorable parce qu'il a le meilleur caractère du monde. Malheureusement nous rendons le 15 octobre l'appartement, et il va falloir en chercher un autre. Nous en avons deux en vue. J'espère que les frais ne seront pas trop élevés — (le loyer, lui, est heureusement assez faible) — vous me donnerez bien quelques meubles et quelques draps ?

Qui est à Saint-Maurice ? Où est Bonne-maman ?

Ma petite maman, je vous embrasse de tout cœur. Je vous souhaite enfin du repos. Dites à Mimma que je lui écrirai [...]

Votre fils respectueux,

Antoine.

153

[Paris, mars 1924]

Ma petite maman,

Il se peut que je touche assez d'argent au commencement du mois prochain pour venir passer un dimanche à Saint-Maurice, cela ne me fatiguera sûrement pas et je serai si heureux de vous revoir et Biche et la maison. Vous m'avez écrit une si douce lettre, maman, c'est vrai que je n'ai plus été moi-même pendant longtemps. J'ai vécu une vie si incertaine, avec si peu de sécurité, pendant ces huit mois. Il ne faut pas trop m'en vouloir.

Cela va parfaitement bien maintenant. Mon travail n'est pas trop ennuyeux et j'ai quelques projets en train. Je travaille aussi par petites bribes mon roman qui plonge Louis[1] dans l'admiration.

Didi devrait m'écrire, c'est vrai que je ne réponds pas mais cela n'a pas d'importance parce que je n'ai pas encore beaucoup de choses à raconter, mais cela viendra... Que devient-elle ?

Intimité charmante chez Priou d'un tas de vieux amis. Yvonne par contre est dans le Midi depuis un mois. Je pense qu'elle va rentrer bientôt.

Ne vous ennuyez-vous pas trop là-bas, maman ? Pourquoi ne retourneriez-vous pas chez Didi peindre

1. Louis de Bonnevie.

et vous réchauffer? Heureusement qu'il y a un peu de soleil ces jours-ci et que vous ne gelez peut-être pas trop.

Vous me proposez de régler mon manteau? La traite est pour la fin du mois. Je vous la fais envoyer? En tout cas, si je réussis l'affaire que j'attends les premiers jours d'avril, je vous la rembourse en arrivant là-bas, car je ne veux rien vous coûter plus jamais, mais vraiment je suis ces jours-ci dans la misère et ne saurais comment payer.

Je vous quitte, ma petite maman, en vous embrassant comme je vous aime.

Votre fils respectueux,

Antoine.

54

[Paris, juin 1924]

Ma petite maman,

Je comptais beaucoup venir aux élections et puis j'ai eu une occasion unique de prendre pour ma boîte des photos en avion ce dimanche-là. Et je l'ai fait : je voudrais arriver à ce qu'elle forme une petite société de photographies aériennes pour usines dont je serais le patron et je pose d'astucieux jalons. Je ne pouvais manquer celui-là.

Pour le moment je passe mes journées à la foire de Paris où je préside dans une petite baraque. Mes amis viennent m'y rendre visite et je discute avec des centaines de visiteurs d'un air grave et digne. Vous ririez de me voir là. [...]

Les Jacques ont embarqué leur étalon[1]. Il est parti sans grand enthousiasme. Ça lui fera du bien. Je n'ai rien tant aimé que cette vie de soldat de deuxième classe et cette camaraderie sympathique avec des mécanos et des souteneurs. J'ai même aimé cette prison où l'on chantait des chansons lugubres.

Mon roman mûrit page par page[2]. Je pense venir vers le début du mois prochain et vous le montrer : je le crois tout à fait neuf. Je viens d'écrire les pages que je crois les meilleures.

Ma petite maman, vous avez reçu mes amis d'une façon si délicieuse que j'en ai été si ému. Pardonnez-moi de ne vous en avoir pas mieux remerciée. [...]

Ma santé est bonne, mes amis charmants. Je suis vraiment béni du ciel pour en avoir de pareils. Je voudrais tant un appartement pour les y recevoir, être chez moi et créer une douce intimité. Maman, je ne peux pas vivre dans cette chambre moisie où je ne suis pas chez moi.

Il fait trop chaud aussi, c'est autre malheur. Comment pouvez-vous aimer le soleil ? Maman, tous les gens transpirent, c'est affreux.

Tante Anaïs rondelette et optimiste déjeune avec moi tous les mercredis. Nous faisons le tour des restaurants de Paris. Je l'emmène dans de petites boîtes, elle y est heureuse, nous parlons de politique, de littérature, de mondanités. Nous avons l'air de deux amoureux. [...]

---

1. François de Fonscolombe, fils de Jacques de Fonscolombe et cousin germain d'Antoine, vient de partir pour faire son service militaire.
2. Le manuscrit de ce roman a été perdu.

Voilà, ma petite maman. Je voulais encore vous dire que j'ai trouvé Saint-Maurice exquis l'autre jour et que j'y voudrais vite repartir. Je vais essayer d'avoir mes vacances en même temps que votre fille Didi. Je voudrais beaucoup aussi que vous m'envoyiez des cerises, une grande caisse. Est-ce possible? Cela me ferait tant de plaisir! Maman, mes amis sont très attendris d'avoir été reçus comme ils le furent.

Je vous embrasse bien tendrement.

Je vous aime beaucoup, maman,

ANTOINE.

55

Paris, 70 *bis*, boulevard Ornano [1924]

Ma petite maman,

[...] Je vis tristement dans un sombre petit hôtel, 70 *bis*, boulevard d'Ornano[1]. Ce n'est guère amusant. Par-dessus le marché il fait un temps sinistre. Tout cela serait vraiment lugubre si...

Je ne vous ai pas écrit depuis longtemps car je voulais attendre d'avoir une nouvelle magnifique à vous annoncer, et comme rien ne se décidait, je ne voulais pas vous écrire de faux espoirs. Mais cela maintenant semble *à peu près sûr*. Je pense que vous allez être au comble de la joie.

---

1. Il est alors contrôleur de fabrication aux Tuileries de Bourbon.

J'ai en vue une nouvelle situation. — C'est dans l'automobile, j'aurai :

1° Fixe : 12 000 par an;

2° Commission : environ 25 000 par an.

Soit entre 30 000 et 40 000 *par an* et de plus *une petite auto à moi* dans laquelle je vous baladerai, et Monot aussi. Je ne serai complètement sûr que la semaine prochaine et, dans ce cas, je vous arriverai vers vendredi pour une huitaine de jours. Ce serait une vie extérieure et indépendante. Ce serait ma première joie depuis un an. Je serais infiniment heureux : vous aussi.

Mon hôtel, par contre, me dégoûte trop et je ne sais comment me loger.

Le seul ennui de cette situation est un stage de deux mois à faire à l'usine pour passer comme ouvrier dans tous les services afin d'être parfaitement au courant. Je ne sais pas encore si ces deux mois sont appointés. Mais je serai ensuite un gros Monsieur cossu.

Passé la soirée d'hier avec Priou chez Maille, devenue de par son mariage avec Hennessy ambassadrice de France... Elle me présenta à mille huiles sous ce titre : « ... Littérateur du plus grand talent ! »

Quand arrive Simone ? Elle me manque bien. Dites-lui que je la baladerai cet hiver dans une charmante petite voiture... Et que si j'ai un appartement, je l'inviterai à dîner (dommage que je n'aie plus celui de Priou).

Ma petite maman, je vous écrirai mercredi ce qu'il en est de cet immense espoir qui semble prendre corps. Et si je puis, [je] vous rejoindrai alors, sinon, vous passerez bien par Paris ?

Je vous embrasse de tout mon cœur comme je vous aime,

ANTOINE.

Je mériterais tout de même bien d'être un peu heureux, je vous le jure !

56

Paris, 70 *bis*, boulevard Ornano [1924]

Ma petite maman,

Me voilà très content. J'ai décidément une très belle situation en vue. J'ai consulté les dossiers des trois départements qui me sont attribués (Allier, Cher, Creuse) et ils sont excellents et le Saurer y est apprécié. Ça fait bien mon affaire[1].

Enfin, mon stage, pas ennuyeux mais fatigant et absorbant, tire à sa fin. Je passe à partir de demain dans un dernier service — réparations et service commercial — je suis au mieux avec toute la boîte, les camarades représentants qui sont charmants et serviables. Enfin je suis tiré d'affaire pour l'existence.

1. On a proposé à Antoine d'être le représentant des camions Saurer.

J'ai un petit, tout petit désir de me marier mais je ne sais pas avec qui. Mais j'ai acquis un tel dégoût de cette vie toujours provisoire! Et puis j'ai beaucoup d'amour paternel en provision. Je voudrais beaucoup de petits Antoine...

En tout cas si je trouve une jeune fille qui le vaille, maintenant, j'ai une situation qui me permet de la demander. [...]

Je me porte comme le Pont-Neuf. À ce point de vue mon stage fut une cure. Je n'étais pas fait pour un bureau de deux mètres carrés.

Maman, j'ai aussi une joie dans la vie : j'ai des amis si chics pour moi que vous ne pouvez l'imaginer. Ils ont tous en ce moment-ci une épidémie de sympathie. Bonnevie me fait signe tout le temps. Sallès m'écrit des lettres d'une si profonde amitié que ça m'émeut. Ségogne est un ange. Les Saussine des anges protecteurs et je ne parle pas d'Yvonne et de Mapie...

Maman, il est arrivé une chose horrible à Mapie. Il faut que vous lui écriviez un petit mot. Elle vient de perdre sa petite fille de sept mois. Son mari venait de partir pour trois mois en Amérique. Elle est en route pour l'y rejoindre. Ça la touchera que vous lui disiez un mot gentil et simple comme vous le savez. [...] Elle m'a vraiment aidé avec tant de tact à des moments difficiles. Faites-le pour moi.

J'ai retrouvé un vieil ami de lycée, officier de marine, qui est devenu un type d'une grande culture, qui a vu, compris et jugé beaucoup de choses. C'est pour moi une ressource merveilleuse. Nous allons ensemble voir les choses du domaine de l'art, pièces ou expositions, et discutons. Il a une telle clarté d'idées générales que c'est sain et vivifiant. Je suis content.

160

Simone croît et prospère dans les voies du Seigneur. Elle a été première à sa composition[1]. Et elle n'était pas seule à composer. Du coup elle ne se lève plus qu'à midi.

Je suis bien content de savoir que Mimma va mieux. Mon conte[2] et le *sien*[3] attendent la fin de mon stage pour être tapés car treize heures de travail me suffisent par jour, mais dites-lui *bientôt*. [...]

Je vous quitte, ma petite maman, il est minuit et je me lève à 6 heures. Je vous embrasse bien tendrement,

ANTOINE.

57

[Paris], 70 *bis*, boulevard Ornano [1924]

Ma petite maman,

Merci de tout cœur, vous êtes un amour. Vos fruits confits sont tout pleins de soleil. Je ne connais pas encore vos chaussettes mais je tremble car vous les aimez éclatantes...

Je suis un peu vanné, mais je travaille comme un dieu. Mes idées sur le camion en général, qui étaient plutôt vagues, se précisent et s'éclaircissent. Je pense être bientôt capable d'en démolir un tout seul.

Ma toute petite maman, viendrez-vous loger avec moi à Paris quand je serai un Monsieur important ? Ma chambre est si triste et je n'ai pas le courage de séparer mes cols et mes chaussures...

1. Simone de Saint-Exupéry est à l'École des Chartes.
2. *L'Aviateur.*
3. *Les Amis de Biche.*

Mon roman chôme un peu, mais je fais des progrès internes considérables par une observation de chaque seconde que je m'impose[1]. J'emmagasine.

Enfin dans un mois, même moins, j'aurai des loisirs et une vie active. (Ma vie actuelle d'ailleurs ne m'ennuie pas une seconde.)

Il faut que je m'occupe de ma voiture. Dès maintenant, pourrez-vous me faire ouvrir un compte au Crédit Lyonnais comme vous me le proposez ? Mais maman, nous avions parlé à Saint-Maurice de 10 000 ce qui était même *juste*, car il faudra que je m'assure (ma voiture), que je me fasse faire des costumes car, à part mon habit de soirée et mon manteau, les miens datent de ma démobilisation. Enfin, mon premier mois de voyage ne me sera payé qu'à la fin. Et peut-être [faudra-t-il] que je me loge ?

Mais vous ne nous devez *pas un sou*. Alors faites-moi envoyer ce que vous voudrez. Le plus tôt sera une économie car Suresnes me ruine en taxis quand on me réveille trop tard le matin[2].

Maman, j'espère bien vous aider un jour à mon tour et enfin vous rendre un peu tout cela. Il faut avoir un peu confiance en moi. Je travaille *comme un nègre*.

Je vous embrasse bien tendrement comme je vous aime.

Votre fils respectueux,

ANTOINE.

N.B. Méfiez-vous de mon numéro (c'est 70 *bis*). [...].

1. Première œuvre imprimée d'Antoine : *L'Aviateur*, récit qui sera publié en 1926 dans *Le Navire d'argent* d'Adrienne Monnier.
2. L'usine où il travaille est située à Suresnes.

162

58

[Paris, 1924]

Ma petite maman,

[...] Yvonne m'a emmené en voiture à Fontaine-
bleau. Ç'a été une charmante balade. J'ai dîné chez
Ségogne[1].

... X est reparti pour le Maroc. — Voici les fruits de
mon éducation :

Il m'écrit :

« ... J'ai bien compris tout ce que tu m'as dit. Aussi
bien ce que tu m'as appris que ce que je ressentais
confusément et que tu éclairais en moi parce que tu
sais penser, toi, et exprimer ta pensée clairement et
simplement, etc...

« ... En pensant au bien que tu m'as fait et aux progrès que j'ai faits grâce à toi je... etc.

« ... L'autre jour encore en te parlant, à plusieurs
reprises, j'ai senti combien de travail j'avais à fournir si je
voulais me hausser et voir le monde de ton plan... etc...

« ... Si tu savais combien je t'admire, aussi bien pour
le travail que tu as fourni que pour le résultat... etc. »

J'en ai un tout petit peu fait un être humain en le
liant au monde extérieur. Je suis assez fier du succès
de mes idées sur l'éducation de la pensée. On éduque
tout sauf cela. On apprend à écrire, à chanter, à bien
parler, à s'émouvoir, jamais à penser. Et on est

1. Henri de Ségogne, grand ami connu à Bossuet en 1917.

conduit par des mots, et ils trompent même les sentiments. Mais je le veux humain et non livresque. [...].

J'ai remarqué que les gens quand ils parlent ou
écrivent abandonnent de suite toute pensée pour faire
des déductions artificielles. Ils se servent des mots
comme d'une machine à calculer d'où doit sortir une
vérité. C'est idiot. Il faut apprendre non à raisonner,
mais à ne plus raisonner. On n'a pas besoin de passer
par une succession de mots pour comprendre quelque
chose, ou bien ils faussent tout : on leur fait confiance.

Toute ma pédagogie se précise et j'en fais mon livre.
C'est le drame intérieur d'un type qui émerge. Le
dépouillement du début a besoin d'être brutal. Il faut
dénuder d'abord son élève pour lui prouver qu'il n'est
rien, comme X...

Je déteste ces gens qui écrivent pour s'amuser, qui
cherchent des effets. Il faut avoir quelque chose à dire.

J'ai donc enseigné d'abord à X... en quoi les mots
qu'il alignait étaient artificiels et inutiles et que le
défaut était non un manque de travail, ce qui est peu à
corriger, mais un défaut profond dans sa façon de
voir, à la base de tout, et qu'il fallait qu'il rééduque
non son style mais tout en lui-même — intelligence et
vision — avant d'écrire.

Ça a commencé par le dégoûter de lui-même, ce qui
est une saine hygiène par où j'ai passé, et puis il a fini
par comprendre que l'on pouvait voir et comprendre
autrement, et il peut maintenant devenir quelque
chose. Il m'a une reconnaissance flatteuse...

Je vous quitte, c'est l'heure.

Je vous embrasse de tout cœur comme je vous aime.

                              Votre fils respectueux,

                                        ANTOINE.

164

59

Ma pauvre petite maman,

Je suis affreusement inquiet de ce que m'écrit Didi, je ne pensais à rien d'aussi grave, voulez-vous que je vienne ? Je puis partir samedi, d'autant plus que j'ai l'intention de quitter ma situation, de rentrer chez mon bonhomme d'assurances, et qu'il me faudra passer quelques jours à Lyon pour organiser une affaire.

Comment cette maladie s'est-elle déclarée aussi brutalement[1] ?

Si vous voulez que j'arrive, vous n'aurez qu'à m'écrire un mot. Quant au caméléon de Biche, je le lui enverrai de toute façon samedi, si je ne lui apporte pas moi-même.

Je vous quitte, ma petite maman, en vous embrassant de toutes mes forces ainsi que Mimma, Didi et Simone. [...].

ANTOINE.

---

1. Marie-Madeleine de Saint-Exupéry, sœur d'Antoine, mourra deux ans plus tard. Elle est l'auteur d'un recueil de récits sur les fleurs et les animaux, publié en 1927 par la librairie Lardanchet à Lyon sous le titre : *Les Amis de Biche*.

60

[Paris, été 1924]

Ma petite maman,

J'ai reçu votre lettre un peu rassurante. Le soir même où Simone venait de me téléphoner les mauvaises nouvelles. J'allais vous télégraphier. Mais je suis un peu moins inquiet, heureusement.

Quand pensez-vous, ma pauvre petite maman, aller vous reposer un peu ? Ne pensez-vous pas aller à Agay ou venir ici quelques jours ? Il ne fait pas un bien beau temps mais tout de même ?

Je vous écris de mon bureau. Je dépouille les dossiers de mes futurs clients. Je partirai ce mois-ci pour un voyage à Montluçon et le reste de la région. J'espère réussir des affaires. Mon usine est charmante pour moi et si je vous savais un peu calme et Mimma mieux, je serais tout à fait heureux. Mais c'est trop triste de vous penser si inquiète. [...]

J'ai été piloter dimanche à Orly (et suis, depuis lors, à peu près sourd d'une oreille. Ça commence pourtant à s'arranger). Lorsque je serai riche j'aurai un petit avion à moi et viendrai vous rendre visite à Saint-Raphaël.

Dîné hier soir chez les Jacques [...]. Ce sont les meilleurs cœurs du monde. Une Russe m'y a tiré les cartes, m'a prédit un mariage prochain avec une jeune veuve dont je dois faire la connaissance avant huit jours. Me voilà fort intrigué !

Au revoir ma petite maman, je vous embrasse de
tout mon cœur comme je vous aime ainsi que Mimma.

Votre fils respectueux,

ANTOINE.

61

[Paris, 1925]

Ma petite maman,

Je vous souhaite une année un peu heureuse ce n'est
pas être exigeant envers le ciel ! [...].

Cela me ferait un plaisir fou de vous revoir, le Midi,
Didi, Mimma et surtout vous — et d'un autre côté c'est
tellement fou d'y aller devant, le 1er, payer deux cent
cinquante francs de chambre et rembourser cinquante
francs, ce qui me laissera avec cinquante francs en
poche. Je vous jure, ma petite maman, que pour une
fois je suis raisonnable et que je fais un *gros* sacrifice,
mais j'ai des remords de vous être ainsi à charge et je
puis au moins ne pas vous coûter ce voyage.

Seulement j'ai bien le cafard. Surtout quand j'aurai
pris la décision de rester, que je n'ai pas encore eu le
courage de prendre. Mais, ma petite maman, si j'y
allais, il faudrait que le jour même de mon retour je
vous redemande de l'argent, et vraiment il me faut
bien vivre, alors qu'avec votre envoi ma chambre au
moins sera payée ! Et ça me dégoûterait de vous le
demander.

Ma petite maman, je suis complètement dégoûté de ne pas me suffire ainsi — alors je trouve que ce serait peu chic de dépenser pour mon seul plaisir et deux jours de présence parmi vous ces trois cent cinquante francs.

Je vous embrasse bien tendrement.

Votre fils respectueux,

ANTOINE.

62

[Paris, 1925]

Chère vieille Didi,

Merci de la photo que Simone m'a remise ce matin. Elle égaie un peu ma chambre d'hôtel. J'espère pouvoir plus tard te faire le même cadeau. J'ai un peu envie de me marier et d'avoir des enfants aussi charmants que le tien. Mais il faut être deux et je n'ai connu jusqu'à présent qu'une seule femme qui m'ait plu.

Je suis très content de mon usine et elle de moi. Si je vends quelques camions j'irai en auto cet été passer quelques jours à Agay. Je te baladerai un peu dans le Midi. Je vais commencer par une Citroën mais j'emploierai le premier argent gagné à l'échanger contre une voiture rapide : ça me consolera peut-être de l'avion.

J'ai de nouveau l'espoir d'un petit appartement. Dans ce cas tu ne seras pas pardonnable de ne pas venir passer quelques jours à Paris avec ton époux et ton fils [...].

Il faut me pardonner de ne pas t'écrire plus souvent mais tu es tellement lointaine. Je ne connais ni ta maison, ni ta vie, ni ton fils (à peine). — Je t'ai vue huit jours en deux ans [...]

Alors évidemment ce n'est pas la même intimité. Mais je t'aime quand même de tout mon cœur.

Simone est revenue amoureuse de ton fils. Je lui ai objecté qu'il était bien jeune encore et que de plus entre tante et neveu ce ne serait pas convenable [...]

Simone, elle, s'intéresse passionnément aux manuscrits du Moyen Age. Elle travaille comme un nègre. Toujours la même cette petite.

Quant à moi, je pars cette semaine pour quinze jours dans le Nord pour me mettre mieux au courant du métier dans la région d'un camarade. Nous ferons 150 kilomètres d'auto par jour. Ça ne sera pas ennuyeux.

Je mène une vie philosophique. Je vois [...] le plus possible mes amis. J'en ai de délicieux. Ça me console.

Et j'attends de rencontrer quelque petite jeune fille bien jolie et bien intelligente et pleine de charme et gaie et reposante et fidèle et... alors je ne trouverai pas.

Et je fais une cour monotone à des Colette, à des Paulette, à des Suzy, à des Daisy, à des Gaby qui sont faites en série et ennuient au bout de deux heures. Ce sont des salles d'attente.

Voilà...

Au revoir, Diche. Je t'embrasse bien fort.

Ton vieux frère,

ANTOINE.

63

Poste restante, Montluçon (Allier), [1925]

Ma petite maman,

Me voici dans cette douce ville de Montluçon. Une ville que j'ai découverte endormie à neuf heures du soir. Je commence demain mon travail, j'espère qu'il marchera un peu quoique les affaires soient arrêtées un peu.

Il ne faut pas trop m'en vouloir de ma lettre à Didi, elle était écrite sous l'influence d'un profond découragement. Pour ce qui est des femmes dont vous me parlez c'est comme pour les amis. Je ne peux plus souffrir de ne pas trouver ce que je cherche chez quelqu'un et suis toujours déçu dès que j'ai découvert qu'une mentalité que je croyais intéressante n'est qu'un mécanisme facile à démêler; j'éprouve du dégoût. Et j'en veux à cette personne. J'élimine des tas de choses et des tas de gens c'est plus fort que moi.

J'ai en face de moi, dans ce petit salon de ce petit hôtel provincial, un bellâtre magnifique qui pérore — un petit châtelain du cru je pense. C'est bête et inutile et ça fait du bruit. Je ne peux plus souffrir non plus ces gens-là et si j'épouse une femme que je découvre ensuite aimer ce monde je serai le plus malheureux des hommes. Il faut qu'elle n'aime que les gens intelligents. Sortir chez les Y... et Cie m'est devenu complètement impossible, je n'y peux plus ouvrir la bouche. Il faut que l'on m'apprenne quelque chose.

Ce que je vous ai dit de X... ne peut pas vous avoir peinée. Je n'ai aucune estime pour cette fausse culture, cette manie de chercher tous les prétextes les plus truqués d'émotion, tous ces lieux communs du sentiment sans aucune curiosité réelle et nourrissante. Ne se rappeler jamais d'un livre ou d'une vision que ce qui frappe, ce qui peut se styliser. Je n'aime pas ces gens qui éprouvent des émotions chevaleresques quand ils s'habillent dans un bal masqué en mousquetaires. [...]

Maman, j'ai des amis qui me connaissent bien mieux qu'eux et qui m'adorent et à qui je le rends. C'est bien une preuve que je vaux quelque chose. Je suis resté pour la famille un être superficiel, bavard et jouisseur, moi qui ne cherche même dans le plaisir que quelque chose à apprendre et ne peux souffrir les frelons des boîtes de nuit, moi qui n'ouvre presque plus jamais la bouche parce que les conversations inutiles m'ennuient. Laissez-moi ne même pas les détromper, c'est bien superflu.

Je suis tellement différent de ce que j'ai pu être. Ça me suffit que vous le sachiez et m'estimiez un peu. Vous avez lu ma lettre à Didi sous un angle faux. C'était du dégoût et non du cynisme. Quand on est las, on devient le soir comme ça. Je fais chaque soir le bilan de ma journée. Si elle a été stérile comme éducation personnelle, je suis méchant pour ceux qui me l'ont fait perdre et en qui j'ai pu croire.

Il ne faut pas m'en vouloir non plus de ne presque pas écrire. La vie courante a si peu d'importance et se ressemble tant. La vie intérieure est difficile à dire, il y a une sorte de pudeur. C'est si prétentieux d'en parler. Vous ne pouvez imaginer à quel point c'est la seule chose qui compte pour moi. Ça modifie toutes les valeurs, même dans mes jugements sur les autres. Ça m'est si égal un type « bon » si ce n'est qu'un attendrissement facile. Il faut me chercher tel que je suis dans ce que j'écris et qui est le résultat scrupuleux et réfléchi de ce que je pense et vois. Alors dans la tranquillité de ma chambre ou d'un bistro, je peux me mettre bien face à face avec moi-même et éviter toute formule, truquage littéraire et m'exprimer avec effort. Je me sens alors honnête et consciencieux. Je ne peux plus souffrir ce qui est destiné à frapper et fausse l'angle visuel pour agir sur l'imagination. Un tas d'auteurs que j'ai aimés parce qu'ils me procuraient un plaisir de l'esprit trop facile, comme des mélodies de café-concert qui vous énervent, je les méprise vraiment. Vous ne pouvez pas me demander vraiment non plus d'écrire des lettres du jour de l'an ou genre jour de l'an.

Maman, je suis plutôt dur pour moi-même et j'ai bien le droit de renier chez les autres ce que je renie ou corrige en moi. Je n'ai plus aucune coquetterie de la pensée qui fait qu'on s'interpose entre ce que l'on voit et écrit. Comment voulez-vous que j'écrive que j'ai pris un bain... ou dîné chez les Jacques. Je suis tellement indifférent à ce point de vue.

Je vous aime vraiment du fond du cœur ma petite maman. Il faut me pardonner de n'être pas facilement à la surface et de rester tout en dedans. On est comme on peut et c'est même quelquefois un peu lourd. Il y a bien peu de gens qui puissent dire avoir eu une confidence vraie de moi et me connaître le moins du monde. Vous êtes vraiment celle qui en ait jamais eu le plus et qui connaissiez un peu l'envers de ce type bavard et superficiel que je donne à Y... parce que c'est presque un manque de dignité de se donner à tout le monde.

Je vous embrasse bien du fond du cœur, maman.

ANTOINE.

64

[Paris, 1925]

Ma petite maman,

Me voici de retour à Paris, 70 *bis*, boulevard Ornano. En repassant par Montluçon[1] j'ai trouvé vos deux lettres qui m'attendaient. Vous êtes une chic petite maman. Je voudrais être un fils comme vous.

Ma petite maman, quand, dans mon voyage silencieux — quinze jours tout seul, — je suis passé cueillir mon courrier poste restante, je ne pense pas qu'aucune lettre m'aurait fait le plaisir des vôtres. J'ai été les lire dans un petit restaurant provincial entre deux trains. Maman, il faut vous dire combien je vous admire et vous aime si je l'exprime peu et mal. C'est une telle sécurité, un amour comme le vôtre, et je pense qu'il faut longtemps pour le comprendre. Maman, il faut que je le comprenne mieux chaque jour et que vous soyez payée de votre vie faite pour nous. Je vous ai laissée beaucoup trop dans la solitude. Il faut que je devienne un grand ami pour vous.

---

1. Siège de sa représentation des camions Saurer

J'ai vu des tas de petites villes de province avec de petits trains minuscules et de petits cafés où l'on jouait à la manille. Sallès est venu me voir à Montluçon le dimanche, quel brave vieux type ! Nous avons été ensemble au « dancing », hebdomadaire, un bal de sous-préfecture où les mères de famille formaient le carré autour de leurs « jeunes filles » qui dansaient en rose ou en bleu avec les fils des boutiquiers. J'ai fait la connaissance d'un bon violoniste qui a joué jadis au concert Colonne mais travaille en silence à Montluçon. Il a charmé Sallès et moi.

J'ai fait aussi la connaissance de ce genre de type qui s'est retiré dans la province à cause d'un deuil, ne fait plus rien, ne lit plus rien. Geniès[1] les nommait des suicidés. Nous avons joué aux échecs et il m'a emmené chez lui dans un désordre irréparable. C'est dommage, il faisait de la bonne peinture. Et la vôtre ?

Je vous embrasse bien fort, maman, venez me voir ?

ANTOINE.

65

[Paris, hiver 1925-1926]

Ma petite maman,

J'ai les doigts gelés d'avoir piloté ma voiture. Il est minuit. Je viens de jeter mon chapeau sur mon lit et sens toute ma solitude.

1. Le docteur Geniès qui, par ses conseils, a eu une forte influence sur le style de Saint-Exupéry.

Je viens de trouver votre mot en rentrant. Il me tient compagnie. Vous pouvez vous dire, maman, même si on n'écrit pas, même si on est un mauvais bougre, que rien ne vaut votre tendresse. Mais ce sont des choses inexprimables et que je n'ai jamais su dire, mais c'est tellement en dedans, c'est tellement sûr, continu. Je vous aime comme je n'ai jamais aimé personne.

J'ai été au cinéma avec Escot. Un mauvais film, des sentiments truqués, sans continuité souterraine. Ça me dégoûte, et aussi, simplement, de remonter la foule le soir, mais c'est parce que je suis seul.

Je suis à Paris en campement court à cause d'un ennui de voiture. J'y arrive un peu comme un explorateur qui débarque d'Afrique. Je donne des coups de téléphone. Je recense mes amitiés. Celui-là est pris, l'autre absent. Leur vie continue, moi je débarque. Alors je fais signe à Escot qui mène une vie solitaire et nous allons au cinéma. C'est tout.

Maman, ce que je demande à une femme, c'est d'apaiser cette inquiétude. C'est pour cela qu'on en a tant besoin. Vous ne pouvez pas savoir comme on est lourd et comme on sent sa jeunesse inutile. Vous ne pouvez savoir ce que peut donner une femme, ce qu'elle pourrait donner.

Je suis trop seul dans cette chambre.

Ne croyez pas, maman, que j'aie un cafard insurmontable. C'est toujours comme cela quand j'ouvre la porte, jette mon chapeau et sens une journée finie qui a fui entre les doigts.

Si j'écrivais tous les jours, je serais heureux parce qu'il en resterait quelque chose.

Rien ne m'émerveille plus que de m'entendre dire :

175

« Comme tu es jeune », parce que j'ai tellement besoin d'être jeune.

Seulement, je n'aime pas les gens que le bonheur a satisfaits comme S... et qui ne se développent plus. Il faut être un peu inquiet pour lire autour de soi. Alors j'ai peur du mariage. Ça dépend de la femme.

Une foule que l'on remonte est tout de même chargée de promesses. Mais elle échappe et puis celle dont on a besoin est faite de vingt femmes. J'en demande trop pour ne pas étouffer tout de suite.

Il fait dehors un froid glacial. La lumière des vitrines est dure. Je pense que l'on pourrait faire un bien beau film de ces impressions de rue. Ceux qui font le cinéma sont des crétins. Ils ne savent pas voir. Ils ne comprennent même pas leur instrument. Quand je pense qu'il n'y a qu'à noter dix visages, dix mouvements pour rendre des impressions denses, mais ils sont incapables de cette synthèse et font de la photographie.

Maman, je voudrais avoir le courage de travailler. J'ai beaucoup de choses à dire. Seulement le soir je me déleste de la journée et je dors.

Je vais repartir bientôt, je ne sais quand, peut-être vais-je échanger ma voiture.

Je vous embrasse de toute ma tendresse. Je ne suis pas « entre deux eaux » mais vous pouvez me bénir quand même.

ANTOINE.

Toulouse, [hiver 1926-1927[1]]

Ma petite maman,

Je file un de ces jours vers le Maroc, ne venez donc pas, je puis partir sans préavis demain, n'importe quand.

J'ai emprunté 1 000 francs, mais j'ai eu de gros frais. Logement à payer d'avance, fournitures de vol, etc. Si vous pouvez m'envoyer télégraphiquement 1 000 francs, je vous le rembourse à la fin du mois prochain (j'ai en hiver 4 000 francs par mois). Si vous ne pouvez pas, ce que vous pourrez. Je puis être embarqué *dès demain*. Comme cela peut être dans cinq ou six jours mais je suis prévenu d'avoir à me tenir prêt. Et je serai bien embêté au Maroc avec les cent francs qui me restent...

J'ai fait d'excellents essais et pour l'instant réceptionne les avions à Toulouse. Les camarades sont délicieux et spirituels.

Je vous écrirai longuement demain car j'ai bien sommeil. J'ai beaucoup volé. Je me suis arrêté ici cinq minutes pour vous écrire ce mot car je suis un peu affolé à l'idée de partir sans argent. Je croyais être ici pour un mois.

Je vous embrasse bien tendrement.
À demain.

ANTOINE.

---

1. Antoine vient d'entrer à la Compagnie Latécoère, dont le siège est alors à Toulouse. Il sera pilote sur la ligne Toulouse-Dakar.

Toulouse, [hiver 1926-1927]

Ma petite maman,

Je vous ai demandé de l'or parce que je suis vraiment ennuyé d'être en instance de départ sans un sou.

Je vous ai aussi demandé de ne pas venir maintenant parce que ce serait trop bête de se manquer.

Mais voici ce que vous ferez dans quinze jours : vous vous munirez de pastels et de toiles vierges, vous viendrez me rejoindre à Toulouse, vous vous munirez aussi de gros cache-nez et d'un manchon. Je vous emmènerai à Alicante qui est un lointain patelin d'Espagne (il faut huit jours pour y aller par terre). Là je vous installerai à la pension des aviateurs ou dans une autre analogue que je vous offrirai. Vous vous y reposerez quinze jours au soleil et vous y peindrez de jolis couchants sur la mer. Tous les trois jours je passerai avec vous l'après-midi et un jour quand vous en aurez assez, je vous ramènerai en France. Faites-vous faire dès maintenant un passeport pour l'Espagne (adressez-vous à la mairie).

Je m'ennuie un peu, à part quoi ça va.

Je vous embrasse bien tendrement comme je vous aime,

ANTOINE.

Toulouse, [1927]

Ma petite maman,

Je pars à l'aube pour Dakar, je suis bien heureux. J'emmène un avion jusqu'à Agadir et de là comme passager. Je vous ai écrit deux lettres sans réponse mais espère que vous m'avez écrit là-bas. Cela va m'accueillir.

C'est un petit voyage de cinq mille kilomètres...

Ma petite maman, je suis bien triste de vous quitter, mais, voyez-vous, je suis en train de me faire une situation solide. J'espère que je vous reviendrai un homme mariable. De toutes façons, je reviendrai en permission dans quelques mois et je pourrai enfin vous inviter à déjeuner.

Ma petite maman, je vous quitte. J'ai un grand mal de tête et toutes ces caisses, toutes ces valises à faire m'encombrent l'imagination.

Envoyez-moi quelques bouquins si vous en lisez de beaux. J'ai recommencé à écrire et vais envoyer à la *N.R.F.*

Je vous embrasse tendrement, ma petite maman, comme je vous aime.

Votre fils respectueux,

ANTOINE.

[Dakar, 1927]

Ma petite maman,

Me voici à Dakar, si heureux de voyager. J'ai vu de près ces Maures terribles... Ils sont vêtus de bleu et d'une grande chevelure bouclée. Une allure folle ! Ils viennent à Juby, à Agadir, à Villa Cisneros regarder de près les avions. Ils restent là des heures, silencieux.

Le voyage s'est bien passé à part une panne et l'avion écrasé dans le désert. Un camarade est venu nous reprendre et nous avons couché dans un petit fortin français isolé du monde entier où le sergent qui commandait n'avait pas vu un blanc depuis des mois !

Je ne vous envoie que ce petit mot, le courrier part tout de suite et sans ça j'en ai pour huit jours. Dakar est assez moche mais le reste de la ligne une merveille.

Je vous embrasse avec une grande tendresse. Je vous écrirai à chaque courrier. Je ne commence la ligne que le 24 et vais tâcher de faire des connaissances.

Votre fils respectueux,

ANTOINE.

[Dakar, 1927]

Ma petite maman,

Je ne pars en courrier que le 24. D'ici là, je mène à
Dakar une vie possible. Je suis reçu un peu partout
et... l'on me fait même danser! Il m'a fallu venir au
Sénégal pour sortir.

Il fait une chaleur très acceptable mais je préfère
même le froid de France à cette bizarre température
où l'on transpire sans avoir trop chaud et où l'on ne
sait jamais s'il faut se couvrir ou non. Je vais d'ailleurs
on ne peut mieux.

Je n'ai rien de vous depuis un mois. Pourtant j'ai
écrit souvent et ça me peine. Ça m'aurait si bien
accueilli ici un mot de vous car vous êtes, ma petite
maman, la grande tendresse de mon cœur. C'est
quand je suis loin que je vois mieux quelles amitiés
sont un refuge et un mot de vous, un souvenir de vous
guérissent ma mélancolie. J'ai sur ma table votre pas-
tel obscur, la branche de noisetier qui n'est pas encore
une branche et dont la lumière me ravit, et votre
photo où vous avez un petit air penché que je connais.
Et toutes vos lettres de trois ans dans un tiroir.

J'écris toujours : *Faire suivre* à Saint-Maurice, igno-
rant votre adresse. J'espère que ça n'a pas trop de
retard, mais si vous me la donniez?

Par bateau il faut un temps effarant. Écrivez
« Lignes Aériennes Latécoère, Toulouse, faire

suivre... » sauf si vous avez un paquet à m'expédier. Dans ce cas, adressez-le à Dakar par avion, après vous être enquis du tarif dans un bureau de poste car je ne sais pas si Toulouse ferait suivre gratuitement un paquet.

Donnez-moi des nouvelles de la famille, la mienne, mes sœurs [...]

Je vous embrasse bien tendrement comme je vous aime,

ANTOINE.

71

[Dakar, 1927]

Ma petite maman,
Ma douce Didi,
Mon adorable Pierre,

Je vous envoie une lettre collective car rien n'est doux comme le sein de la famille. J'envoie une lettre au sein de la famille.

J'ai couché en panne chez les nègres au Sénégal. Je leur ai donné de la confiture, ce qui les a émerveillés. Ils n'avaient jamais vu ni Européens ni confiture. Quand je me suis étendu sur ma natte, tout le village est venu me rendre visite. J'avais trente personnes à la fois dans ma case... qui me regardaient.

Je suis reparti à trois heures du matin, à cheval, avec deux guides au clair de lune. Ça faisait assez « vieil explorateur ».

Didi et Pierre, préparez une de vos couveuses. D'ici quinze jours je pense vous envoyer des œufs d'autruche par avion. C'est mignon comme tout une autruche, et ça se nourrit facilement : des montres, de l'argenterie, du verre pilé, des boutons de nacre. Tout ce qui brille ça s'avale.

Maman, qu'est-ce que c'est cette histoire de spiritisme ? Qu'est-ce que vous voulez que j'aille faire en moto au Sahara[1] ? Vous ne vous doutez guère de ce que c'est, ça ressemble très peu au bois de Boulogne. Le spiritisme est la dernière des inepties, je ne veux pas que cette ineptie vous émeuve.

Merci beaucoup de votre livre.

Je vous embrasse comme je vous aime tous,

ANTOINE.

72

[Dakar, 1927]

Ma petite maman,

Je vous suppose sans trop le savoir à Saint-Maurice. J'aimerais vous revoir. J'ai un peu le mal du pays, mais quand cela me sera-t-il possible ?

Dakar est toujours de température supportable et je vais bien. Les voyages se poursuivent avec régularité mais sont les seuls instants variés de ma vie. Dakar est la plus bourgeoise des provinces.

1. Allusion à une révélation de tireuse de cartes.

Comment allez-vous? C'est doux d'avoir une famille charmante et un neveu et vous. Ici les gens sont tellement étouffants, ne pensent à rien, ne sont ni tristes, ni contents. Le Sénégal les a vidés d'eux-mêmes. Alors je rêve aux gens qui pensent à quelque chose, qui ont des joies, des peines, des amitiés.

Ici les mentalités sont tellement grises.

C'est un pays bien décevant, sans envergure, comme le Maroc, sans passé, sans tenue, un pays imbécile. Ne rêvez pas au Sénégal!

Il n'y a même pas une heure du jour qui soit agréable. Ni aurore, ni crépuscule... une journée lourde, grisâtre et puis, sans transition, la nuit humide.

Et, dans le monde, des cancans pires que ceux de Lyon.

Je vous quitte. Je vais porter cette lettre au courrier.

Je vous embrasse comme je vous aime,

Votre fils respectueux,

ANTOINE.

73

Dakar, [1927]

Ma petite maman,

J'ai un mot de vous mais sans adresse. Je n'ai pas grand'chose à raconter, à part que je danse comme un jeune gigolo et que cette lettre, c'est moi qui la porte demain à Juby.

Dakar ne change guère. Ce n'est pas la peine assurément d'être allé chercher au fond de l'Afrique une vague banlieue lyonnaise...

J'espère pourtant qu'à mon retour de Juby je vais pouvoir faire avec un camarade une petite expédition à l'intérieur et chasser le crocodile. Ce serait assez amusant.

Mais ma plus grande consolation est mon métier.

J'écris une grande affaire pour la *N.R.F.*[1], mais je m'empêtre un peu dans mon récit. Quand ce sera fini, je vous l'enverrai pour avoir votre opinion.

Je ne vous écris qu'un petit mot par manque total d'imagination. Ce pays ne favorise rien [...]. On n'a même pas l'impression d'être loin. Mais je veux que vous ayez régulièrement de mes nouvelles.

Je vous embrasse tendrement comme je vous aime,

ANTOINE.

74

Dakar, [1927]

Ma petite maman,

Ce petit mot hebdomadaire pour vous rassurer. Je vais bien et suis heureux. Et vous dire aussi toute ma tendresse, ma petite maman, vous êtes le bien le plus doux du monde et je suis *si inquiet* de ce que vous ne m'ayez pas écrit cette semaine.

1. *Courrier Sud.*

Ma pauvre petite maman, vous êtes bien loin. Et je pense à votre solitude. Je vous aimerais tant à Agay. Quand je reviendrai, je pourrai être un fils comme je le rêve et vous inviter à dîner et vous faire des tas de plaisirs car lorsque vous êtes venue à Toulouse, c'est une telle gêne et tristesse que j'ai éprouvées à ne rien pouvoir faire pour vous que cela me rendait maussade et triste et que je n'ai pas su être tendre.

Mais dites-vous, ma petite maman, que vous avez peuplé ma vie de douceur comme personne n'aurait pu le faire. Et que vous êtes le plus « rafraîchissant » des souvenirs, celui qui éveille le plus en moi. Et le moindre objet de vous me tient chaud au cœur : votre chandail, vos gants, c'est mon cœur qu'ils protègent.

Dites-vous aussi que j'ai une vie merveilleuse.

Je vous embrasse tendrement,

Antoine.

75

Dakar, 1927.

Ma petite maman,

J'espère que vous voilà dans le Midi et j'en suis si heureux pour vous.

Je suis heureux comme un pape dans ce pays et vous envoie une petite photo où je suis doux, timide et charmant. J'ai l'air d'une jeune vierge.

Dakar est un trou et tout le monde m'apprend ce soir que je suis... fiancé.

J'étais le seul à ne pas le savoir, mais on ne peut sortir avec une personne sans être son amant, ni avec une jeune fille sans être son fiancé. C'est un peu exaspérant.

J'ai un avis de colis de vous que j'irai chercher demain. Vous êtes un amour. Je vous écris avant d'avoir ouvert ce paquet car le courrier part demain.

Je vous embrasse bien tendrement comme je vous aime.

ANTOINE.

P.S. Personne ne m'écrit !

76

Port-Étienne [1927]

Ma petite maman,

Je vous écris de Port-Étienne où je suis en escale. C'est en plein désert. Il y a bien trois maisons. Dans un quart d'heure nous repartons.

J'ai chassé le lion la semaine dernière. Je n'en ai pas tué mais j'en ai tiré et blessé un. Par contre, nous avons fait une grande hécatombe d'autres fauves — sangliers, chacals, etc. Quatre jours de voiture sur les confins du Sahara, en Mauritanie. Nous naviguions à travers la brousse comme des tanks.

Je suis invité par un chef maure à Boutilimit. Cela peut être intéressant pour la ligne. Il m'emmènera peut-être en dissidence. Quelle expédition merveilleuse ! [...]

Je vais bien. Comment va Monot ? La lettre de l'oncle Hubert[1] m'attendait et je lui enverrai des timbres.

Il fait une chaleur effarante dans ce doux Sahara. Par contre, la nuit, tout sue de l'eau. C'est un drôle de pays. Mais captivant...

Je vous embrasse comme je vous aime, ma petite maman,

ANTOINE.

77

[En escale : Juby, 1927]

Cher vieux frère[2],

J'ai pris un bain de mer. Ça m'a fait penser à toi, à Didi, à Agay et à la France car je suis toujours patriote. Et comme ce soir je m'embête comme une vierge — tu imagines ! je t'écris.

Comme il y avait en mer des vagues et des lames, ça m'a donné du vague à l'âme. (Non, je ne suis pas fatigué pour si peu. Je suis capable d'en faire beaucoup comme ça). Il y avait aussi des méduses grandes comme des tubs, mais heureusement elles ont peu d'initiative.

1. Hubert de Fonscolombe, frère de Mme de Saint-Exupéry.
2. Lettre adressée à son beau-frère Pierre d'Agay.

188

Mon bain était involontaire. J'ai voulu faire du canot et franchir la barre — noble ambition. Mais je me suis retrouvé sous le canot. Et aussi sous la barre.

Ici, on rigole bien. On loge dans un fort espagnol bâti sur la plage et on peut aller sans danger jusqu'à la mer. Ça fait au moins vingt mètres. Je fais cette promenade plusieurs fois par jour. Mais si tu t'éloignes de plus de vingt mètres tu reçois des coups de fusil. Et si tu dépasses cinquante mètres, on t'envoie rejoindre tes aïeux ou on t'emmène en esclavage, ça dépend de la saison. Au printemps et si tu es mignon tu as des chances d'être sultane. C'est toujours mieux que d'être mort. Tu as aussi des chances d'être grand eunuque. Ça c'est plus embêtant.

Si j'avais été à Juby il y a quinze jours, j'aurais été la gloire de la famille. Mes camarades présents ont sauvé les voyageurs. Mon équipe hélas ! était à Dakar car nous bâillons ici à tour de rôle. Et quand nous sommes arrivés, c'était fini.

J'ai eu hier soir une petite émotion. Il faisait une nuit d'encre. Une de ces nuits dont parle la Sainte Écriture au chapitre sur le déluge. Il faisait une tempête de sable et comme le dirait si justement Ponson du Terrail « les hurlements du vent répondaient aux lamentations des flots ». Or justement, mes repas de la veille avaient terminé leur petit voyage et demandaient leur libération. Comme il n'y a pour W.-C. à Juby que la cour du fort ou le Sahara j'ai opté pour le Sahara et suis sorti (car nous avons une petite bâtisse indépendante).

C'est d'ailleurs interdit.

Je mêlais donc mon humble voix à la grande voix de la tempête quand j'ai entendu des pas. Je n'y voyais plus à deux mètres. Comme le dirait si fortement encore Ponson du Terrail au chapitre du viol de la marquise, mon sang n'a fait qu'un tour et s'est aussitôt figé dans mes veines.

Ça m'était arrivé déjà de sortir mais toujours avec deux sentinelles. Je leur donnais vite une sœur et nous rentrions. Mais cette fois je n'avais même pas mon revolver. J'ai fait taire mon humble voix et suis parti à reculons tout doucement.

Et voilà que du haut d'un mur, un bougre d'andouille de sentinelle se met à gueuler comme un veau. Et en espagnol. Elle faisait les sommations d'usage. (La consigne est de tirer sur toutes les ombres.) En espagnol, je ne sais que dire « oh ». Aussi je réponds ce que je peux : « Copain... vieux copain... ami d'enfance. » Et pour plus de sécurité, je me planque à quatre pattes contre le mur. Je suis rentré comme ça. Quand j'ai poussé la porte, elle a tiré. Moi j'ai fait ouf !

Didi me demande ce que je fais... — Eh bien, je fais la ligne du Sahara insoumis : Dakar-Juby. Le Sahara commence dès le Sénégal franchi. C'est la Mauritanie française. Il est insoumis à partir de Port-Étienne où commence la zone espagnole (Rio de Oro). Les camarades de Casablanca-Juby sont de leur côté en dissidence de Juby jusqu'à Agadir.

C'est très sportif. On nous a tué deux pilotes l'année dernière (sur quatre), et pendant mille kilomètres j'ai l'honneur d'être tiré comme un perdreau. Les mille autres sont plus paisibles (car nous faisons deux mille kilomètres, aller, deux mille retour à chaque courrier !).

J'ai déjà été en panne dans le désert mais mon coé-

quipier (nous volons à deux avions) a pu me repêcher : j'avais atterri sur un bon terrain de sable dur.
S'il ne peut pas vous repêcher, ça doit être moins rigolo. Les Uruguayens nous ont raconté que s'ils avaient été Français, ils auraient sûrement été tués.
On les a plusieurs fois mis en joue. Enfin, si je suis pris, je serai très poli, je ferai des excuses, comme à mon lion l'autre jour quand je l'ai seulement blessé et que ma winchester s'est enrayée. Je ne rigolais plus : les lions, paraît-il, détestent qu'on les blesse. Très susceptibles ces bêtes-là, mais j'étais en voiture et j'ai eu l'idée géniale d'appuyer sur le clakson. Gros effet. Car j'ai chassé le lion en Mauritanie, sur les confins du Sahara. Quatre jours de voiture dans le désert. Pas même de piste à chameaux, nous naviguions dans le sable, faisions le tour des dunes, etc..., nous logions dans des campements où nos deux bagnoles répandaient l'horreur puis l'admiration. Quand nous rencontrions des troupeaux, nous réquisitionnions des moutons. C'était une vie de grand seigneur.

J'ai écrit cette expédition en détail à Didi, et puis j'ai retrouvé ma lettre dans un livre. Peut-être ne l'a-t-elle pas reçue ?

Pierre, il est minuit, je ne veux pas te déranger plus longtemps à une heure aussi indue. Je suis sûr que tu as sommeil.

Je vous embrasse bien fort,

ANTOINE.

[P.S.] Ma mission consiste à entrer en relations avec les tribus maures et à essayer si possible de faire un voyage en dissidence. Je fais un métier d'aviateur, d'ambassadeur et d'explorateur. Je suis en train de combiner ma descente dans la fosse aux ours. Si ça s'arrange et que j'en reviens, quels souvenirs!

Je ne reçois pas une lettre de maman. *Que Didi ait la gentillesse de bien lui expliquer comment écrire!* J'ai essayé deux fois... — Je suis très ennuyé car je sais maman grippée. Écris-moi vite.

[P.S. Dakar].

J'ai découvert le truc, maman écrit poste restante, ça va, ne lui dis rien.

Je t'invite à boire un pot. Si tu as l'occasion de passer par ici, je me ferai un plaisir d'exécuter ma promesse. Je m'embête tout seul. Sinon je tâcherai d'ici un an de passer par Agay (hélas...?)

Dakar, c'est très joli la nuit, quand on dort. C'est comme toi.

Trouve-moi une personne ravissante. Je me ferai un plaisir de contribuer à l'amélioration de la race humaine. Si elle est riche, tu auras un pourcentage sur la dot, si elle est jolie, tu auras un pourcentage sur... non, pas ça. Tu es trop satyre.

Je n'ai pas sommeil et je suis seul. Que de temps perdu!

Et toi à la même heure... satyre! (N'est-ce pas à toi que la petite fille disait : « Ben vrai, ce que tu es empoté pour un satyre! » ?)

Bonsoir, quand même.

Écris au moins une fois dans ta vie. Dieu te le rendra. (Je ne veux pas dire qu'il t'écrira mais peut-être te fera-t-il repousser les cheveux. Quelle récompense!)

ANTOINE.

192

[Juby, fin 1927]

Ma petite maman,

Figurez-vous que j'ai été prévenu de mon départ quelques heures seulement avant celui-ci et que dans l'agitation de mes bagages à préparer je n'ai pas eu le temps d'écrire.

Je suis pour l'heure chef d'aéroplace à Cap-Juby où je mène une vie monacale[1]. Je vais bien. J'ai quelques avions à essayer et beaucoup de papiers à remplir. Ça convient tout à fait à ma convalescence[2].

J'ai fait hier un relevé topographique du terrain. Comme celui-ci est insoumis j'avais une garde d'honneur de chefs maures amis. J'espère pouvoir me promener un peu quand j'aurai fait des connaissances protectrices. Pour le moment je canote un peu, je respire l'air pur de la mer et je joue aux échecs avec les Espagnols que m'ont conquis mes recommandations étourdissantes.

Comment allez-vous? Êtes-vous à Combles[3]? Je vous embrasse tendrement comme je vous aime,

ANTOINE.

1. L'escale de Cap-Juby est sous la protection d'un fort espagnol qui est un pénitencier militaire : la Casa de Mar.
2. Saint-Exupéry avait eu une forte attaque de fièvre dengue qui l'avait laissé quelque temps perclus de rhumatismes.
3. Village de la Somme rasé pendant la guerre 1914-1918. Mme de Saint-Exupéry y dirige une œuvre en faveur des sinistrés.

Juby, 1927.

Ma petite maman,

Quelle vie de moine je mène! Dans le coin le plus
perdu de toute l'Afrique, en plein Sahara espagnol.
Un fort sur la plage, notre baraque qui s'y adosse et
plus rien pendant des centaines de kilomètres et des
centaines!

La mer, à l'heure des marées, nous baigne complètement, et si je m'accoude, la nuit, contre ma lucarne
à barreaux de prison — nous sommes en dissidence —
j'ai la mer sous moi, aussi proche qu'en barque. Et
elle frappe des coups toute la nuit contre mon mur.

L'autre façade donne sur le désert.

C'est un dépouillement total. Un lit fait d'une
planche et d'une paillasse maigre, une cuvette, un pot
à eau. J'oublie les bibelots : la machine à écrire et les
papiers de l'aéroplace! Une chambre de monastère.

Les avions passent tous les huit jours. Entre eux,
c'est trois jours de silence. Et quand mes avions
partent, c'est comme mes poussins. Et je suis inquiet
jusqu'à ce que la T.S.F. m'ait annoncé leur passage à
l'escale suivante — à 1 000 kilomètres de là. Et je suis
prêt à partir à la recherche des égarés.

Je donne du chocolat chaque jour à une nichée de
petits Arabes malins et charmants. Je suis populaire
chez les gosses du désert. Il y a de petits bouts de

bonnes femmes qui ont déjà l'air de princesses hindoues et font de petits gestes maternels. J'ai de vieux copains.

Le marabout vient tous les jours me donner une leçon d'arabe. J'apprends à écrire. Et déjà je me débrouille un peu. J'offre des thés mondains à des chefs maures. Et ils m'invitent à leur tour à prendre le thé sous leur tente à deux kilomètres en dissidence, où jamais aucun Espagnol n'est encore allé. Et j'irai plus loin. Et je ne risquerai rien parce que l'on commence à me connaître.

Allongé sur leur tapis, je regarde par l'échancrure de la toile ce sable calme, bombé, ce sol voûté, les fils du cheik qui jouent nus au soleil, le chameau amarré tout près de la tente. Et j'ai une drôle d'impression. Pas d'éloignement, pas d'isolement, mais d'un jeu fugitif.

Mes rhumatismes n'empirent pas. Ils vont plutôt mieux qu'à mon départ mais c'est assez lent.

Et vous, ma petite maman, dans votre autre désert, avec vos autres gosses adoptifs[1]? Nous sommes tous deux loin de toute existence.

Si loin que je me crois en France ou si près menant une vie familiale et retrouvant de vieux amis, je me crois en pic-nic *[sic]* à Saint-Raphaël. Le vingt de chaque mois quand le voilier des Canaries nous ravitaille, ce matin-là, quand j'ouvre ma fenêtre, l'horizon s'est meublé d'une voile toute blanche, toute jolie et c'est propre comme du linge frais, ça habille tout le

---

1. Allusion à la tâche d'assistante sociale de Mme de Saint-Exupéry à Combles.

désert, ça me fait penser à la « lingerie » des maisons, la pièce la plus intime. Et je pense aux vieilles femmes de chambre qui repassent toute leur vie des nappes blanches qu'elles empilent dans des placards, et ça embaume. Et ma voile se balance tout doucement, comme un bonnet breton bien repassé, mais c'est une douceur brève.

J'ai apprivoisé un caméléon. C'est mon rôle ici d'apprivoiser. Ça me va, c'est un joli mot. Et mon caméléon ressemble à un animal antédiluvien. Il ressemble au diplodocus. Il a des gestes d'une lenteur extraordinaire, des précautions presque humaines et s'abîme dans des réflexions interminables. Il reste des heures immobile. Il semble venir de la nuit des temps. Nous rêvons tous les deux le soir.

Ma petite maman, je vous embrasse comme je vous aime. Écrivez-moi un petit mot,

ANTOINE.

80

[Juby, 24 décembre 1927]

Ma petite maman,

Je vais bien. La vie est peu compliquée et peu fertile en récits. Pourtant ça prend un peu d'animation parce que les Maures d'ici craignent une attaque d'autres tribus maures et que l'on se prépare à la guerre. Le fort ne se trouble guère plus qu'un lion débonnaire, mais pendant la nuit, on lance des fusées toutes les cinq minutes, qui éclairent merveilleusement le désert d'une lumière d'opéra. Ça se terminera comme toutes ces grandes manifestations maures, par le vol de quatre chameaux et de trois femmes.

Nous employons comme manœuvres des Maures et un esclave. Ce malheureux est un noir volé il y a quatre ans à Marrakech où il a sa femme et ses enfants. Ici l'esclavage étant toléré il travaille pour le compte du Maure qui l'a acheté et lui remet sa paie chaque semaine. Quand il sera trop fatigué pour travailler, on le laissera mourir, c'est la coutume. Comme c'est dissident, les Espagnols n'y peuvent rien. Je l'embarquerais bien en fraude sur un avion pour Agadir mais nous nous ferions tous assassiner. Il vaut 2 000 francs. Si vous connaissez quelqu'un que révolterait cette situation et qui me les enverrait, je le rachèterais et l'expédierais vers sa femme et vers ses enfants. C'est un brave type si malheureux[1].

J'aimerais aller passer avec vous Noël à Agay. Agay est pour moi l'image du bonheur. Je m'y ennuie bien quelquefois un peu mais c'est comme dans un bonheur trop continu. Si je vais à Casablanca la semaine prochaine, ce qui est possible, je vais choisir pour ces jeunes enfants des tapis zaïam de la plus belle eau. Il paraît qu'ils en ont besoin.

Il fait un temps gris aujourd'hui. La mer, le ciel, le sable se confondent. C'est un paysage désert de l'époque primaire. Quelquefois un oiseau de mer pousse un cri aigre et l'on s'étonne de cette trace de vie. Hier j'ai

1. Cet esclave, sous le nom de Bark, figurera dans un des récits de *Terre des hommes*.

pris un bain. J'ai aussi fait le débardeur. Nous avons reçu un colis de 2 000 kilos par bateau. Ça n'a pas été une petite expédition que de lui faire franchir la barre et de le décharger sur la plage. Je commandais une barcasse grande comme un bateau-lavoir, et aussi svelte, avec la sûreté d'un ex-candidat à l'École Navale. J'avais un peu le mal de mer : nous faisions presque des loopings.

Je n'ai besoin de rien. J'ai décidément des dispositions monacales. Je donne des thés aux Maures, je vais chez eux. J'écris un peu. J'ai commencé un bouquin[1]. Il a six lignes. Enfin c'est toujours ça.

Noël ce soir. Ça ne marque vraiment pas dans ce sable. Le temps ici coule sans repère. Drôle de façon de passer sa vie en ce monde.

Je vous embrasse tendrement.

Votre fils respectueux,

ANTOINE.

81

[Juby, 1927-1928]

Mon vieux poulet[2],

Ta carte m'a attendri : que de souvenirs ! Nous sommes dispersés maintenant comme les enfants de Babel et dans mon Sahara je me demande si c'est bien

---

1. *Courrier Sud.*
2. Lettre adressée à sa sœur Simone.

moi qui ai vécu tout ça. Fribourg, la neige (comme ça ferait bien ici). Les Portes, Dolly de Menthon, Louis de Bonnevie. On me croit sans cœur parce que je n'exprime rien, mais je crèverai de mélancolie du passé détruit, de tous ces passés détruits. Dakar, Port-Étienne, Cap Juby, Casablanca, les trois mille kilomètres de côtes n'ont pas la densité de vingt mètres carrés à Fribourg ou de ce salon des Portes ou j'étais persuadé être amoureux de Dolly. J'étais d'ailleurs amoureux de sa sœur, mais Dolly avait la procuration et c'est elle qui répondait à mes lettres. Ça m'a toujours agacé, mais maintenant ça m'attendrit.

Les femmes de ce temps-là me semblaient d'autant plus charmantes que j'étais vierge. Il est vrai qu'elles valaient bien les six vieilles mauresques qui, lorsque la nuit tombe, traînent leur marmaille sous les murs du port et là, moyennant une peseta, rendent aux soldats des services sommaires. De temps en temps, les Maures les surprennent et les écartent à grands coups de pied dans le ventre.

J'en ai assez de surveiller le Sahara avec la patience d'un garde-voie. Si je ne faisais pas quelques courriers sur Casablanca et, plus rarement, sur Dakar (mais Dakar est une poubelle), je deviendrais neurasthénique.

Casablanca est pour moi le paradis terrestre comme Genève lorsque nous étions au collège parce que c'est la première terre que nous abordions en vacances. Ici de même. À partir d'Agadir je surplombe un paysage vert et montagneux. C'est d'une fraîcheur douce. À partir de Mogador des champs découpés à l'européenne, c'est rassurant, plus de coups de fusils. Enfin Casablanca — tu imagines — après trois mois de monastère.

À propos, tu es chartiste. Ça m'a rendu fier. Je l'ai dit aux Maures. Mais explique-moi un peu ce que tu fais, car je n'y ai rien compris.

Je suis en train de devenir grincheux. Après avoir été envers les Maures d'une mansuétude infinie et plein d'illusions humanitaires, je commence à les mener d'une façon plus coriace. Ils sont voleurs, menteurs, bandits, faux et cruels. Ils tuent un homme comme un poulet, mais ils déposent leurs poux par terre. S'ils possèdent un chameau, un fusil, dix cartouches, ils se croient les maîtres du monde. Ils te disent aimablement que s'ils te rencontrent à un kilomètre, ils te couperont en petits morceaux. Ils me donnent pourtant un joli nom, « le commandant des oiseaux ».

Il est minuit. Les sentinelles espagnoles poussent de grands cris; on dirait des oiseaux de mer. Assez lugubre. Je t'embrasse.

ANTOINE.

82

[Juby, fin 1927]

Ma petite maman,

Je vais assez bien. Je crois que j'aurai simplement besoin l'année prochaine d'une cure à Aix. À part cela il fait un soleil monotone sur une mer toujours agitée, car l'océan ici n'est jamais calme.

Je lis un peu et me suis décidé à écrire un livre[1]. J'ai déjà une centaine de pages et suis assez empêtré dans sa construction. J'y veux faire entrer beaucoup trop de choses et de points de vue différents. Je me demande ce que vous en penseriez.

Si jamais je puis passer quelques jours en France dans deux ou trois mois, je le montrerai à André Gide ou à Ramon Fernandez.

J'ai commencé à tâter le terrain avec les Espagnols au sujet d'une promenade, déguisé en Maure, en dissidence. J'ai commencé par ne parler que d'une partie de chasse pour ne pas les effaroucher, puis je vais essayer d'en élargir le principe. Il faut beaucoup de lente diplomatie. Par ailleurs je ne sais pas encore quelle est à ce point de vue l'opinion actuelle de la maison qui y était autrefois favorable.

Enfin il faut attendre au moins un mois car il y a la guerre dans les environs.

Je rêve à Saint-Maurice avec mélancolie, et à Agay bien que je commence à être fatigué de la mer ! Et à toute la douceur de la France.

Je vous embrasse tendrement, comme je vous aime.

Votre fils respectueux,

ANTOINE.

[P.S.] Dès que j'irai à Casa je vous enverrai quelque chose pour le jour de l'an.

---

1. Il s'agit toujours de *Courrier Sud*.

[Juby, 1928]

Ma petite maman,

Je ne pourrais pas venir avant le 1ᵉʳ septembre. Cela pour beaucoup de raisons. Je demanderai une permission pour cette date. Surtout n'écrivez pas à Sudour et n'essayez pas de m'obtenir quelque chose par Massimy. Cet appui indirect me ferait mal voir et c'est car je suis assez grand pour demander ce dont j'ai besoin au directeur. Il ne comprendrait pas que j'aie été demander dans son dos ce qu'il m'est si facile d'obtenir par-devant.

Ce pays me semble d'ailleurs de plus en plus bête. Ce coin de Sahara où deux cents hommes ont réussi à s'accrocher et vivent dans un fort sans en sortir. Ou ne fréquentent que les maures les plus crasseux. Ceux qui ont un peu de dignité refusent d'approcher les chrétiens. Ces coulisses du Sahara ornées de quelques figurants m'ennuient comme une banlieue sale.

Un jour ou l'autre, je pourrai peut-être rendre service en repêchant des camarades en panne, mais depuis de longs mois les avions ne manquent pas leur bond au-dessus de la dissidence.

Avez-vous lu *La Nymphe au cœur fidèle* de Margaret Kennedy? C'est adorable. Je vous recommande aussi *Le Perce-oreille du Luxembourg* d'A. Baillon et *L'Autre Europe. Moscou et sa foi* de Luc Dortain, qui est une étude admirable.

J'ai essayé de lire le *Rêve éveillé* de Daudet qui est un pathos inimaginable. Ce n'est pas de la philosophie, c'est une cuisine compliquée et indigeste.

Lisez aussi *La Naissance du jour* de Colette. C'est adorable.

Je vous quitte pour compter mes bidons d'essence. De plus j'attends le courrier sud qui est annoncé.

Je vous embrasse comme je vous aime.

Votre fils respectueux,

ANTOINE.

84

[Juby, 1928]

Ma petite maman,

Tout est ici en grand mouvement pour la recherche de deux courriers perdus on ne sait où dans le Sahara. Un camarade est prisonnier. Je ne suis pas descendu d'avion pendant cinq jours et nous avons fait des choses tout à fait magnifiques.

Je vous embrasse en hâte. Je serai dans un mois et demi en France. Pardonnez-moi ce mot si court mais nous sommes sur les dents.

ANTOINE.

Juby, 1928.

Ma petite Didi,

Nous venons de faire des choses assez magnifiques à la recherche de deux courriers perdus dans le désert ; pour ma part, j'ai fait environ huit mille kilomètres en cinq jours au-dessus du Sahara. J'ai été tiré comme un lapin par des rezzous de trois cents types. J'ai passé par des temps effarants, j'ai atterri quatre fois en dissidence et j'y ai passé une nuit en panne.

Dans ces moments-là, on joue sa peau avec une grande générosité.

Pour le moment, nous savons l'équipage du premier courrier prisonnier, mais les Maures demandent pour le rendre un million de fusils, un million de pesetas, un million de chameaux. (Un rien !) Et ça va assez mal car les tribus commencent à se battre pour les avoir.

Quant à l'équipage du second courrier, il est sans doute allé se tuer quelque part dans le Sud car nous n'en avons aucune nouvelle.

Je pense rentrer en France en septembre : j'en ai grand besoin. Je ne désire pas rentrer plus tôt ayant besoin de quelques sous pour ma permission et n'en ayant pas assez.

J'élève un renard-fenech ou renard solitaire. C'est plus petit qu'un chat et pourvu d'immenses oreilles. C'est adorable.

Malheureusement, c'est sauvage comme un fauve et ça rugit comme un lion.

J'ai fini un roman de 170 pages, je ne sais trop quoi en penser. Tu verras ça en septembre.

J'ai hâte de revivre une vie civilisée, humaine, vous ne pouvez rien comprendre à la mienne et la vôtre me paraît si lointaine. Ça me paraît un tel luxe d'être heureux...

Ton vieux frère,

ANTOINE.

N.B. Si tu veux, je me marie...

86

[Juby, 1928]

Ma petite maman,

Nous avons fait tous ces temps-ci des choses magnifiques : rechercher des camarades perdus, sauvetage d'avion, etc., je n'ai jamais tant atterri ni dormi dans le Sahara, ni entendu de balles siffler.

J'espère toujours revenir en septembre mais j'ai un camarade prisonnier, et c'est mon *devoir* de rester tant qu'il est en danger. Il se peut que je serve encore à quelque chose[1].

Pourtant, parfois je rêve d'une existence où il y a une nappe, des fruits, des promenades sous les tilleuls, peut-être une femme, où l'on salue aimablement les gens quand on les rencontre au lieu de leur tirer dessus, où l'on ne se perd pas à deux cents à l'heure dans la brume, où l'on marche sur un gravier blanc au lieu d'un éternel sable.

Tout ça, c'est si loin !

Je vous embrasse tendrement,

ANTOINE.

87

[Juby, 1928]

Ma petite maman,

Il est entendu que je rentre en France dès que les camarades prisonniers depuis près de deux mois nous auront été rendus. Pour le moment on ne sait rien d'eux, même pas s'ils sont vivants. Il y a d'ailleurs actuellement un grand désordre dans le Sahara où

---

1. En réalité, deux aviateurs sont prisonniers des Maures : Reine et Serre. Le 17 septembre 1928, Antoine fera une tentative pour les délivrer.

toutes les tribus nomades se font une guerre achar-
née[1].

Évidemment, ça ressemble peu à Saint-Maurice.

Je ne vais pas trop mal mais j'ai grande hâte de rentrer me retaper un peu à Aix-les-Bains ou Dax — et
d'abord de vous retrouver tous. Ça me fait onze mois de
solitude, je commence à devenir un sauvage complet.

Je vous quitte en vous embrassant tous de tout mon
cœur. Peut-être pour de bon au début de septembre?

Votre fils respectueux,

ANTOINE.

[P.S.] Simone et Didi devraient m'écrire.

88

Juby, 1928.

Ma petite maman,

Je ne vais pas mal. Votre lettre m'a attendri.

Hélas, mes camarades sont toujours prisonniers et
je crains qu'il n'y ait au moins pour quinze jours de
négociations et que cela me renvoie à fin septembre.

J'ai pourtant tellement hâte d'être parmi vous...

Je vous embrasse comme je vous aime,

Votre fils respectueux,

ANTOINE.

1. Le 19 octobre 1928, Antoine participe en dissidence au sauvetage d'un avion espagnol dont l'équipage est blessé.

Juby, 1928.

Ma petite maman,

Mon remplaçant est tombé en panne chez les Maures en venant me remplacer : je n'ai pas de chance.

J'en ai au moins pour trois semaines.

Et j'ai tellement envie de vous revoir, de vous embrasser, de vous faire un peu plaisir. Et aussi de quitter mon sable éternel ! Je ne vis plus en attendant ce départ.

Je vous embrasse comme je vous aime,

ANTOINE.

N.B. Je n'ai rien ici mais vous pouvez compter sur moi pour le bouquin, à mon retour.

90

[Juby, octobre 1928]

Ma petite maman,

Je suis dans une grande joie de votre décision de m'attendre à Agay, j'aurais tant gelé à Saint-Maurice.

Je serai parmi vous dans quinze jours. Je compte partir le dimanche 21 octobre et passer à Casablanca 4 ou 5 jours pour me vêtir car je n'ai rien.

J'attends un ordre de la Cie.

Je me sens tellement prêt au retour que je ne trouve rien à raconter...

Je vous embrasse tous avec toute ma tendresse.

ANTOINE.

N.B. Mon remplaçant est ici.
N.B.2 Quelle joie de vous trouver tous réunis.
N.B.3 Embrassez Pierre pour moi.

[Brest, 1929[1]]

Ma petite maman,

Votre dépêche m'a attendri. Et je m'en veux tant de ne plus savoir écrire.

Mais vraiment votre lettre sur mon petit bouquin[2] est celle qui m'aura le plus touché. Et j'ai un désir tellement grand de vous revoir. Si dans un mois mon livre a commencé à se vendre nous irons à Dax tous les deux, j'en ai grand besoin, je suis tout triste et vermoulu. Et je vous montrerai le petit bouquin que je commence.

Brest n'est pas bien drôle.

Si j'avais quatre ou cinq mille francs devant moi je vous demanderais de venir me retrouver à Brest. Mais je n'ai que des dettes pour le moment, j'aimerais bien emprunter puisque je suis sûr de gagner de l'argent avec mon livre — mais emprunter à qui?

Enfin dans un mois je pars.

Je voudrais aussi revoir Saint-Maurice, ma vieille maison. Et mon coffre. C'est vrai que j'y ai beaucoup pensé dans mon bouquin.

Ma petite maman, comment pouvez-vous vous demander si vos lettres m'ennuient! Ce sont les seules qui me fassent vraiment battre le cœur.

1. Antoine fait un séjour à Brest pour y suivre le cours supérieur de navigation aérienne de la Marine.
2. *Courrier Sud.*

Écrivez-moi et dites-moi ce que l'on dit autour de mon bouquin? Mais de grâce ne le montrez pas aux X., Y... et autres imbéciles. Il faut au moins comprendre Giraudoux pour le comprendre.

Je vous embrasse tendrement,

ANTOINE.

N.B. La critique que vous m'avez envoyée est imbécile mais il y en a eu de mieux. D'ailleurs il faut compter trois mois pour avoir les grandes.

92

[Brest, 1929]

Ma chère maman,

Vous êtes trop modeste. L'Argus de la presse m'envoie tous ces journaux où l'on parle de vous, je suis si, si heureux de ce que la ville de Lyon vous ait acheté un tableau[1], ma petite maman célèbre!

Quelle famille nous faisons.

Je pense que vous êtes un peu contente, maman chérie, et de votre fils et de vous! Je vous reverrai avant trois semaines. Ça me fera une telle joie.

Avez-vous lu l'article d'Edmond Jaloux, le plus célèbre des critiques?

1. La ville de Lyon a acheté trois tableaux à Mme de Saint-Exupéry. Celui dont parle Antoine représente le parc de Saint-Maurice-de-Rémens.

Si vous avez d'autres opinions, dites-le-moi.

Je vous embrasse du fond du cœur, comme je vous aime.

Votre fils respectueux,

Antoine.

93

[À bord des Chargeurs réunis, 1929]

Ma petite maman,

Je suis embarqué[1]. Ce sera un voyage charmant. Je n'ai pas eu *une* seconde depuis mon départ et suis aussi vanné que désireux de me reposer. Enfin ça y est.

Gallimard très content de mon bouquin, dont il m'enverra les épreuves par avion, en veut tout de suite un autre.

Yvonne venue ici me dire adieu de Chitré, dit que dans le monde littéraire tout le monde en parle.

Vous aurez une lettre immense envoyée de l'escale de Bilbao en Espagne (dans trois ou quatre jours) [...].

Je vous embrasse bien tendrement. Ce n'est pas une lettre d'adieu : c'est un petit mot avant Bilbao, pour vous dire toute ma tendresse, ma petite maman, ma si profonde tendresse que vous connaissez bien.

1. Antoine s'est embarqué pour Buenos-Ayres, où il arrivera le 12 octobre 1929. Il est nommé directeur de l'« Aeroposta Argentina », filiale de la Compagnie générale aéropostale.

Embrassez tante Mad et bonne-maman.
Embrassez Didi,

ANTOINE.

94

[À bord des Chargeurs réunis, 1929]

Ma petite maman,

Voyage bien paisible. On joue aux charades avec de petites jeunes filles, on se déguise, on invente des petits papiers. Hier on jouait à colin-maillard et au chat perché. Je me retrouve à l'âge de quinze ans.

Il faut beaucoup d'imagination pour se croire sur un bateau. Aucun bruit, une mer d'huile. C'est à peine si l'on entend le souffle de ventilateurs immenses qui nous tournent sans fin sur le front.

Il commence à faire chaud. Nous faisons escale pour cinq heures à Dakar. Vieux souvenirs. Ma lettre vous arrivera ainsi en trois ou quatre jours par avion.

Ma petite maman, comme le monde est petit. À Dakar, il me semble être encore en France. C'est peut-être parce que je connais rocher par rocher, arbre par arbre, dune par dune, l'avenue qui va de Toulouse au Sénégal. Pas une pierre de ce chemin que je ne reconnaîtrais.

Nous venons de toucher le port de Dakar et l'on m'y remet votre lettre. Ça m'émeut, et puis je me demande comment vous avez eu cette bonne idée. Vous êtes une mère inventive.

Je ne me sens encore ni triste, ni loin, ni même absent. On ne peut pas dire que l'on voyage. Pas un mouvement, pas un son et ces charades dans le salon devant les mères de famille assises en cercle ! Rien de tout cela n'est bien exotique ni bien colonial. Sinon ce vent chaud et épais de Dakar. Mais on pourrait se croire à Saint-Maurice, par un jour sans air.

Poissons volants et requins donnent des exhibitions en cours de route. Les petites jeunes filles poussent de petits cris. Puis l'on fait une charade sur poisson ou un portrait sur requin.

Je vais descendre à terre et mettre ce mot à la poste. Je vous embrasse tous bien tendrement. Je vous emmène un peu tous avec moi.

Maintenant, vous aurez une lettre d'Amérique du Sud dans pas trop longtemps. Ma petite maman, cette terre est toute petite : on n'est jamais bien loin.

Je vous embrasse tous comme je vous aime,

ANTOINE.

95

Buenos-Ayres, Majestic Hôtel,
25 octobre 1929.

Ma petite maman,

Je viens enfin de savoir ce que je fais...

Je suis nommé directeur de l'exploitation de l'« Aeroposta Argentina » compagnie filiale de la Cie

214

générale Aéropostale (aux appointements de 225 000 francs environ). Je pense que vous êtes contente, moi je suis un peu triste. J'aimais bien mon existence ancienne.

Il me semble que ça me fait vieillir.

Je piloterai d'ailleurs encore, mais pour des inspections ou reconnaissances de lignes nouvelles.

Je ne suis informé de mon sort que depuis ce soir et je ne voulais rien vous écrire avant. Aussi je suis pris par le temps car le courrier postal doit être posté avant une demi-heure.

Écrivez-moi à l'adresse de ma lettre (Hôtel Majestic) et non à la Compagnie. Dès que j'aurai un appartement, écrivez-m'y.

Buenos-Ayres est une ville odieuse, sans charme, sans ressources, sans rien.

Je vais lundi pour quelques jours à Santiago du Chili et samedi à Commodoro-Rivadavia, en Patagonie.

Je vais vous envoyer une longue lettre par bateau demain.

Je vous embrasse comme je vous aime tous,

ANTOINE.

96

[Buenos-Ayres], 20 novembre 1929.

Ma petite maman,

La vie s'écoule simple et tranquille comme dans la chanson. Je suis allé cette semaine à Commodoro-Rivadavia en Patagonie et à Assuncion du Paraguay. À part ça, je mène une vie calme et gère sagement l'Aeroposta Argentina.

Je ne peux vous dire quel plaisir ma situation me fait pour vous. C'est une belle revanche de votre éducation, ne trouvez-vous pas ? On vous l'a tant reprochée.

Ça n'est pas mal d'être directeur d'une si grosse affaire à vingt-neuf ans. N'est-ce pas ?

J'ai pris un petit appartement meublé charmant. Voici mon adresse — *Écrivez toujours là :* Monsieur de Saint-Exupéry, Galeria Goemes, Calle Florida, departemento 605, Buenos-Ayres.

J'ai fait la connaissance de gens délicieux, amis des Vilmorin (deux des frères sont d'ailleurs en Amérique du Sud). J'en trouverai sûrement d'autres qui aimeront la musique et les livres et me consoleront un peu du Sahara. Et aussi de Buenos-Ayres qui est un autre genre de désert.

Ma petite maman, vous m'avez écrit une lettre si douce que j'en suis encore tout ému. Je voudrais tant vous avoir ici. Dans quelques mois ce sera peut-être possible ? Mais je crains tant pour vous Buenos-Ayres,

cette ville dont on est tellement prisonnier. Pensez
qu'il n'y a pas de campagne en Argentine. Rien. On ne
peut jamais sortir de la ville. Dehors il n'y a que des
champs carrés, sans arbres, avec au centre une
baraque et un moulin à eau en fer. Pendant des centaines de kilomètres en avion on ne voit que cela.
Impossible de peindre. Impossible de se promener.

Je voudrais bien aussi me marier.

Et Monot? Donnez-moi quelques nouvelles de tout
le monde et ce que l'on dit de ma situation? Et de
mon livre?

Je vous embrasse comme je vous aime tous,

Antoine.

97

Buenos-Ayres [1930]

Ma petite maman,

Vous recevrez télégraphiquement la semaine prochaine 7 000 francs dont 5 000 pour rembourser Marchand et 2 000 pour vous. Et je vous enverrai à partir
de fin novembre 3 000 francs par mois au lieu de
2 000 dont je vous parlais.

J'ai beaucoup réfléchi. Je voudrais que vous passiez
l'hiver à Rabat pour y faire de la peinture car c'est un
adorable pays et vous y serez si heureuse et vous pourrez vous occuper d'un tas d'œuvres intéressantes.

Je vous paierai le voyage et ensuite, avec 3 000

francs par mois pour y vivre, je crois bien que vous le pourrez agréablement. Seulement je suis bien loin pour m'occuper de vous y faire chercher quelque chose. Ne pourriez-vous pas écrire aux d'Auvenais ou à des relations quelconques qui aient des amis à Rabat ? Je ne voudrais pas que vous vous y trouviez trop seule, mais je crois que vous y goûterez un complet bonheur. Et c'est si joli. Et dans deux mois, ce sera plein de fleurs.

Vous pourrez d'ailleurs faire un petit tour à Marrakech pour peindre, mais je crois que Rabat vous ira.

En tout cas, je ne veux pas de Casablanca.

Ici c'est un bien sinistre pays. Mais je me promène. J'ai été l'autre jour dans le sud en Patagonie (puits de pétrole de Commodoro-Rivadavia) et là nous avons trouvé sur les plages des bandes de milliers de phoques. Et nous en avons capturé un petit que nous avons ramené en avion. Parce que le sud ici, c'est les pays froids. Le vend du sud, c'est le vent froid. Plus on va au sud, plus on gèle.

Maintenant, l'été commence à Buenos-Ayres et il fait chaud.

Ma petite maman, je vous embrasse tendrement,

ANTOINE.

98

Buenos-Ayres [janvier 1930]

Ma petite maman,

Je suis en train de lire *Poussière*[1], je pense que nous aimons tous ça, comme *La Nymphe au cœur fidèle*[2] parce que nous nous reconnaissons. Nous aussi nous formons tribu. Et ce monde de souvenirs d'enfants de notre langage et des jeux que nous inventions me semblera toujours désespérément plus vrai que l'autre.

Je ne sais pourquoi je pense ce soir au vestibule froid de Saint-Maurice. On s'asseyait sur les coffres ou dans les fauteuils de cuir, après le dîner, en attendant l'heure d'aller se coucher. Et les oncles marchaient de long en large dans le corridor. C'était mal éclairé, on entendait des bribes de phrases, c'était mystérieux. C'était mystérieux comme le fond de l'Afrique. Puis le bridge s'organisait dans le salon, les mystères du bridge. Nous allions nous coucher.

Au Mans, quand nous étions couchés, quelquefois vous chantiez en bas. Ça nous arrivait comme les échos d'une fête immense. Ça me semblait ainsi. La chose la plus « bonne », la plus paisible, la plus amie que j'aie jamais connue, c'est le petit poêle de la chambre d'en haut à Saint-Maurice. Jamais rien ne m'a autant rassuré sur l'existence. Quand je me réveillais la nuit, il

1. De Rosamond Lehmann.
2. De Margaret Kennedy.

ronflait comme une toupie et fabriquait au mur de bonnes ombres. Je ne sais pourquoi je pensais à un caniche fidèle. Ce petit poêle nous protégeait de tout. Quelquefois vous montiez, vous ouvriez la porte et vous nous trouviez bien entourés d'une bonne chaleur. Vous l'écoutiez ronfler à toute vitesse et vous redescendiez.

Je n'ai jamais eu d'ami pareil.

Ce qui m'a appris l'immensité, ce n'est pas la voie lactée, ni l'aviation, ni la mer, mais le second lit de votre chambre. C'était une chance merveilleuse d'être malade. On avait envie de l'être chacun à son tour. C'était un océan sans limite auquel la grippe donnait droit. Il y avait aussi une cheminée vivante.

Ce qui m'a appris l'éternité, c'est mademoiselle Marguerite[1].

Je ne suis pas bien sûr d'avoir vécu depuis l'enfance.

Maintenant j'écris un livre sur le vol de nuit[2]. Mais dans son sens intime c'est un livre sur la nuit. (Je n'ai jamais vécu qu'après neuf heures du soir.)

Voilà le début, c'est les premiers souvenirs sur la nuit :

« Nous rêvions dans le vestibule quand tombait la nuit. Nous guettions le passage des lampes : on les portait comme une charge de fleurs et chacune remuait au mur des ombres belles comme des palmes. Puis le mirage tournait, puis on enfermait au salon ce bouquet de lumière et de palmes sombres.

« Alors, le jour était fini pour nous et, dans nos lits d'enfants, on nous embarquait vers un autre jour.

1. Gouvernante d'Antoine, dont il a déjà été question plus haut.
2. *Vol de nuit* paraîtra en 1931 et lui vaudra le prix Femina.

« Ma mère, vous vous penchiez sur nous, sur ce départ d'anges et pour que le voyage soit paisible, pour que rien n'agitât nos rêves, vous effaciez du drap ce pli, cette ombre, cette houle...

« Car on apaise un lit comme d'un doigt divin la mer. »

Ensuite ce sont des traversées de la nuit moins protégées, l'avion.

Vous ne pouvez pas bien savoir cette immense gratitude que j'ai pour vous, ni quelle maison de souvenirs vous m'avez faite. J'ai l'air comme ça de ne rien sentir. Je pense que simplement je me défends terriblement.

J'écris peu, ce n'est pas ma faute. J'ai la bouche cousue la moitié du temps. Ç'a toujours été plus fort que moi.

Je viens de faire un bien beau raid de 2 500 kilomètres dans la journée. C'est en revenant de l'extrême-sud où le soleil se couche à dix heures du soir, près du détroit de Magellan. C'est tout vert : des villes sur des pelouses. D'étranges petites villes en tôle ondulée. Et des gens qui, à force d'avoir froid et de se rassembler autour des feux, sont devenus si sympathiques.

Le soleil déteignait dans la mer. C'était adorable.

Ce mois-ci, je vous envoie 3 000 francs. Je pense que ça ira. Vous les aurez vers le 10 ou le 15 [...] Je vous ai envoyé 10 000 francs en tout (ça fera 13 000). Mais je ne sais pas du tout si vous avez reçu, et si ça vous a fait plaisir. J'aurais bien aimé savoir.

Je vous embrasse si tendrement,

ANTOINE.

99

Buenos-Ayres, 25 juillet 1930.

Ma petite maman,

[...] Je ne vais pas mal. Je commence la construction d'un grand film que j'espère bien pouvoir monter un jour[1]. En attendant, j'ai acheté un petit cinéma pour vous rapporter quelques souvenirs des Amériques.

J'ai été dernièrement à Santiago du Chili où j'ai retrouvé des amis de France. Quel beau pays et comme la Cordillère des Andes est extraordinaire ! Je m'y suis trouvé à 6 500 mètres d'altitude à la naissance d'une tempête de neige. Tous les pics lançaient de la neige comme des volcans et il me semblait que toute la montagne commençait à bouillir. Une belle montagne avec des sommets de 7 200 (pauvre Mont-Blanc !) et deux cents kilomètres de large. Bien sûr aussi inabordable qu'une forteresse, du moins cet hiver (nous sommes hélas toujours en hiver) et là-dessus en avion, une sensation de solitude prodigieuse.

Je me suis peu à peu trouvé ici des amis délicieux. Mais il est parfois mélancolique d'être toujours si loin. Pourtant je saurais si mal vivre en France...

Écrivez-moi par avion, ma petite maman, je ne sais rien de vous tous.

Je vous embrasse tendrement,

ANTOINE

1. Il s'agit du scénario d'*Anne-Marie* qu'il est en train de rédiger.

100

Ma petite maman,

Je suis bien désolé de vous avoir fait de la peine. Pourtant j'en ai eu aussi. Voyez-vous je m'étais un peu habitué à me considérer comme une protection pour vous tous. Je voulais vous aider, Simone plus tard, et trouver en rentrant une maison complète. [...]

Si j'ai été un peu désillusionné sur mon importance dans la famille, ça n'a rien à voir avec ma tendresse.

Elle est bien grande et me coûte bien des mélancolies et je ne puis penser à mon coin de terre sans une grande faim d'être là-bas. Et sans serrer les poings parmi toutes ces foules en pensant à l'odeur des tilleuls de Saint-Maurice, à l'odeur des armoires, à votre voix, aux lampes à huile d'Agay. Et à tout ce que je découvre qui fait de plus en plus le fond de moi-même. L'argent ne vaut peut-être aucun sacrifice si grand. Et quand je pense que Monot part à la poursuite de ce mirage et avec bien moins de consolation dans le métier et dans le pain, j'éprouve un peu d'amertume. Retour possible, stage provisoire, tout ça c'est de la blague. Elle verra comme on est prisonnier. Quand ce ne serait que de ses habitudes et de ses besoins. Et comme la vie est bien un engrenage. Et surtout, l'étranger qui vous prend pour toujours.

Dites-vous bien que tous les actes sont définitifs. Laissez les nuages d'**agrément** ou d'expérience aux milliardaires. Quand on part pour l'Indochine c'est pour y rester, même si l'on y crève de désespoir. Et ça ne se répare pas au gré de vacances, un jour, en France. Les vacances finies, on repart toujours : c'est la pire des maladies que vous lui donnez. Et l'on ne repart pas vers quelque douceur que l'on regrette mais vers l'attrait puissant d'heures souvent très amères. C'est la vie qui prend cette pente-là. On s'en va tout naturellement.

J'ai voulu vous faire venir, puis j'ai eu à lutter beaucoup contre beaucoup de choses et je n'ai même pas été certain d'être ici pour votre arrivée. Peut-être vais-je être plus tranquille. Alors, vous viendrez.

J'écris peu, je n'ai pas le temps, mais le livre que je forme si lentement serait un beau livre.

Je vous embrasse maman. Dites-vous bien que de toutes les tendresses la vôtre est la plus précieuse et que l'on revient dans vos bras aux minutes lourdes. Et que l'on a besoin de vous, comme un petit enfant, souvent. Et que vous êtes un grand réservoir de paix et que votre image rassure, autant que lorsque vous donniez du lait à vos tout-petits.

Je pense à mon coffre de Saint-Maurice, à mes tilleuls. Et je raconte à tous mes amis nos jeux d'enfance, le chevalier Aklin des jours de pluie, ou la sorcière, ce conte de fées perdu.

Et c'est un drôle d'exil d'être exilé de son enfance.

Je vous embrasse encore.

ANTOINE.

224

101

Toulouse [1932]

Ma petite maman,

Je vous remercie d'avoir si bien soigné ma petite femme[1]. Je croyais bien cela de votre tendresse. J'aurais aimé venir vous voir et l'emmener avec moi, mais j'ai si peu d'argent que cela n'est pas raisonnable : je lui télégraphie de venir me retrouver.

Nous irons, je pense, vivre deux mois à Casablanca. J'ai demandé le Maroc provisoirement pour sa santé. Elle y sera heureuse. J'espère entre-temps venir en courrier à Toulouse et j'en profiterai — mes affaires iront mieux — pour aller vous voir.

Je ne vous laisse pas trop seule puisque Didi sera là ; elle ne m'a pas remercié de mon bouquin, ce qui n'est pas gentil. Le lui aviez-vous fait suivre ?

Par pitié, dites-moi ce qu'en pensent ceux qui l'ont lu : je n'en ai aucune nouvelle.

Ma petite maman je vous quitte. Je pars en courrier à 4 h du matin. Il faut que je dorme ! Je vous embrasse comme je vous aime ; beaucoup plus que vous ne le pensez.

ANTOINE.

1. Antoine a épousé à Agay, en 1931, Consuelo Suncin, qu'il a connue à Buenos-Ayres.

102

Le Caire, 3 janvier 1936[1].

Ma petite maman,

J'ai pleuré en lisant votre petit mot si plein de sens, parce que je vous ai appelée dans le désert. J'avais pris de grandes colères contre le départ de tous les hommes, contre ce silence, et j'appelais ma maman.

C'est terrible de laisser derrière soi quelqu'un qui a besoin de vous comme Consuelo. On sent l'immense besoin de revenir pour protéger et abriter, et l'on s'arrache les ongles contre ce sable qui vous empêche de faire votre devoir, et l'on déplacerait des montagnes. Mais c'est de vous que j'avais besoin ; c'était à vous à me protéger et à m'abriter, et je vous appelais avec un grand égoïsme de petite chèvre.

C'est un peu pour Consuelo que je suis rentré, mais c'est par vous, maman, que l'on rentre. Vous si faible, vous saviez-vous à ce point ange gardienne, et forte, et sage, et si pleine de bénédictions, que l'on vous prie, seul, dans la nuit ?

....

ANTOINE.

---

1. Antoine, seul avec le mécanicien Prévot, à bord d'un Caudron-Simoun, tente le raid Paris-Saigon. Le 29 décembre 1935, quatre heures après être parti de Benghazi, il percute dans le désert de Libye. Il n'est retrouvé que le soir du 1ᵉʳ janvier 1936.

103

Ma petite maman,

[...] J'habite une ferme bien sympathique. Il y a trois enfants, deux grands-pères, des tantes et des oncles. On entretient un grand feu de bois où je me dégourdis quand je redescends de voler. Car nous volons ici à dix mille mètres par... cinquante degrés de froid ! Mais nous sommes tellement habillés (30 kg de vêtements !) que nous ne souffrons pas trop.

Drôle de guerre au ralenti. Nous encore nous travaillons un peu mais l'infanterie ! Pierre[2] doit absolument cultiver ses vignes et soigner ses vaches. C'est autrement important que d'être garde-barrière ou caporal dans un dépôt. Il me semble que l'on démobilisera encore beaucoup pour que l'industrie puisse reprendre. Il n'y a aucun intérêt à mourir d'asphyxie.

Dites à Didi de m'écrire un mot de temps en temps. J'espère vous voir tous avant quinze jours. J'en serais bien heureux !

Votre

Antoine.

---

1. Antoine est affecté au Groupe de grande reconnaissance 2/33, alors cantonné à Orconte (Marne).
2. Pierre d'Agay.

[Orconte, 1940]

Ma petite maman,

Je vous ai pourtant écrit mais je suis bien triste de la perte de mes lettres. J'ai été assez malade (fièvre très forte sans raison bien claire) mais c'est fini et j'ai rejoint mon groupe.

Il ne faut pas m'en vouloir d'un silence qui n'était pas un vrai silence puisque je vous écrivais et que j'étais bien malheureux d'être malade. Et puis si vous saviez comme je vous aime tendrement comme je vous porte dans mon cœur et comme je me fais du souci pour vous, Maman chérie. Je voudrais d'abord et avant tout, que les miens soient en paix.

Maman, plus ça va la guerre et les dangers et les menaces pour l'avenir et plus grandit en moi mon souci pour ceux dont j'ai la charge. La pauvre petite Consuelo toute faible, tout abandonnée, me cause une pitié infinie. Si elle se réfugie un jour dans le Midi, recevez-la, Maman, comme votre fille, par amour pour moi.

Ma petite Maman, votre lettre m'a fait tant de peine parce qu'elle était pleine de reproches et que je ne voudrais de vous que des messages infiniment tendres.

Avez-vous tous, là-bas besoin de quelque chose ? Tout ce qui est en mon pouvoir, je voudrais le faire pour vous.

Je vous embrasse, Maman, comme je vous aime, infiniment,

Votre

ANTOINE.

Groupe aérien 2/33.
Secteur postal 897.

105

[Orconte, 1940]

Maman chérie,

Je vous écris sur mes genoux dans l'attente d'un bombardement annoncé qui ne vient pas. Je pense à vous.

Rien sans doute, rien certainement ne m'est plus cher au monde que Didi, ses enfants et vous. Et c'est sans doute pour vous toujours que je tremble. Cette perpétuelle menace italienne me fait du mal parce qu'elle vous met en danger. J'ai tellement de chagrin. J'ai infiniment besoin de votre tendresse, Maman chérie, ma petite Maman. Pourquoi faut-il que tout ce que j'aime sur terre soit menacé ? Ce qui m'effraie bien plus que la guerre, c'est le monde de demain. Tous ces villages détruits, toutes ces familles dispersées. La mort, ça m'est égal, mais je n'aime pas que l'on touche à la communauté spirituelle. Je nous voudrais tous réunis autour d'une table blanche.

Je ne vous dis pas grand-chose de ma vie : il n'y a

229

pas grand-chose à en dire : missions dangereuses, repas et sommeil. Je suis terriblement peu « satisfait ». Il faut d'autres exercices pour le cœur. Je suis terriblement peu content des préoccupations de mon époque. Le danger accepté et subi ne suffit pas à apaiser en moi une sorte de lourde conscience. La seule fontaine rafraîchissante, je la trouve dans certains souvenirs d'enfance : l'odeur de bougie des nuits de Noël. C'est l'âme aujourd'hui qui est tellement déserte. On meurt de soif.

Je pourrais écrire, j'ai le temps, mais je ne sais pas encore écrire, mon livre n'est pas mûr en moi. Un livre qui « donnerait à boire ».

Au revoir, ma petite Maman, je vous serre de toutes mes forces dans les bras.

Votre

ANTOINE.

106

Bordeaux, juin 1940[1].

Ma petite maman chérie,

Nous décollons pour l'Algérie. Je vous embrasse comme je vous aime. N'attendez pas de lettres, car ce sera impossible mais sachez ma tendresse,

ANTOINE.

1. Le 20 juin 1940, avec un Farman quadrimoteur de guerre inachevé, il emmène du personnel et du matériel d'aviation de Bordeaux à Alger.

[Alger, juin 1940]

Chère Simone, le général Matais veut bien se charger de ma lettre. Je suis vivant malgré que mon groupe aérien, le 2/33, ait perdu les deux tiers de ses équipages. Nous sommes à Alger depuis hier, d'où nous partirons j'ignore dans quelle direction. Maman, Didi et les enfants à qui j'ai pu téléphoner il y a trois jours avant le voyage allaient très bien. J'espère que tu n'as pas d'ennuis terribles et qu'un jour nous rassemblera tous.

Je ne sais pas bien te parler ce soir parce que je suis trop mélancolique. Mais je voulais te donner un signe de vie et te dire une tendresse qui passe au loin des petites discussions particulières.

108

Ma petite maman,

J'apprends à l'instant qu'un avion part pour la France. Le premier et le seul. Je veux vous embrasser en deux lignes de toutes mes forces ainsi que Didi et son Pierre.

Sans doute vous reverrai-je bientôt.

Votre

ANTOINE.

109

1943[2].

Maman chérie, Didi, Pierre, vous tous que j'aime tellement, du fond de mon cœur, que devenez-vous, comment allez-vous, comment vivez-vous, comment pensez-vous ? Il est tellement, tellement triste ce long hiver.

---

1. Antoine a rejoint comme capitaine une unité aérienne de la 7ᵉ Armée américaine, dont la base est à La Marsa, près de Tunis. Cette lettre est parvenue clandestinement à Mᵐᵉ de Saint-Exupéry.
2. Lettre parvenue à Mᵐᵉ de Saint-Exupéry par l'intermédiaire de M. Dungler, l'un des chefs de la Résistance alsacienne, parachuté par les Américains sur Clermont-Ferrand en janvier 1944.

Et cependant j'espère si fort être dans vos bras dans quelques mois, ma petite maman, ma vieille maman, ma tendre maman, au coin du feu de votre cheminée, à vous dire tout ce que je pense, à discuter en contredisant le moins possible... à vous écouter me parler, vous qui avez eu raison dans toutes les choses de la vie...

Ma petite maman, je vous aime.

ANTOINE.

110

[Borgo, juillet 1944[1]]

Ma petite maman,

Je voudrais tellement vous rassurer sur moi et que vous receviez ma lettre. Je vais très bien. Tout à fait. Mais je suis tellement triste de ne pas vous avoir revue depuis si longtemps. Et je suis inquiet pour vous, ma vieille petite maman chérie. Que cette époque est malheureuse.

Ça m'a blessé au cœur que Didi ait perdu sa maison[2]. Ah, maman, que je voudrais pouvoir l'aider !

1. Après avoir été, sur sa demande, réaffecté à l'escadrille 2/33, Antoine est au camp de Borgo, près de Bastia. Il avait été promu commandant le 25 juin 1943.
Cette lettre, la dernière qu'il ait adressée à sa mère, n'est parvenue à celle-ci qu'un an après sa disparition, c'est-à-dire en juillet 1945.
2. Le château d'Agay avait été détruit par l'armée allemande en mai 1944.

mais qu'elle compte bien fort sur moi pour l'Avenir. Quand sera-t-il possible de dire qu'on les aime à ceux que l'on l'aime?

Maman, embrassez-moi comme je vous embrasse du fond de mon cœur,

ANTOINE.

DU MÊME AUTEUR

Composition Euronumérique.
et impression Bussière Camedan Imprimeries
à Saint-Amand (Cher), le 24 janvier 1997.
Dépôt légal : janvier 1997.
Numéro d'imprimeur : 1/198.
ISBN 2-07-040166-9./Imprimé en France.

79246